Kabbalah

e as chaves secretas do universo

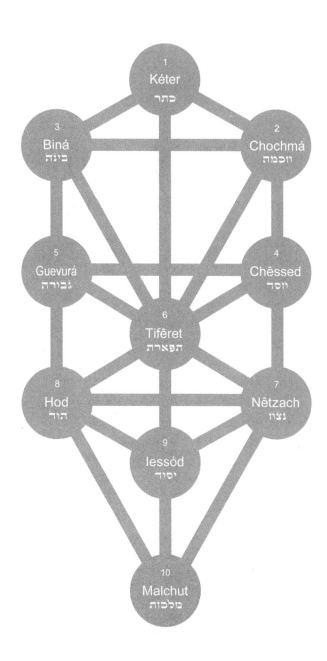

Rabino Joseph Saltoun

Kabbalah
e as chaves secretas do universo

Instituto Meron
São Paulo
2015

Direitos desta edição reservados à
Rabino Joseph Saltoun
Al. Barros, 500 - Cj. 102
Santa Cecília - São Paulo - SP - CEP 01.232-000

Printed in Brazil | Impresso no Brasil

Colaboração editorial
Luiz Fernando Martins Esteves

Projeto gráfico e editoração
Ophicina das Artes

ISBN
978-85-67159-01-0

Editora
Instituto Meron Dinâmica Cultural e Eventos Eireli - EPP
Título
Kabbalah e as chaves secretas do universo

Edição 2
Ano Edição 2015

Participações
Carlos Henrique Alves de Andrade (Colaborador)
Tabata (Rachel) Katytuxkias (Colaborador)

Dedico este livro a todos os meus alunos
que me incentivam a ensinar a Cabala.

Rabino Joseph Saltoun

O termo Kabbalah

Há um pouco de confusão em relação ao termo Kabbalah. Deve-se escrever Cabala, Qabala, ou de outra maneira? A dúvida também se estende à forma da pronúncia dela.

Essa confusão aparece pelo simples fato que essa palavra vem do Hebraico é não tem origem Portuguesa. A grafia 'Kabbalah' ficou mais popular nos últimos anos devido à forma de escrever em Inglês, e à divulgação dos livros ligados a esse assunto que foram escritos nessa língua

Nesse livro, a grafia escolhida foi "Kabbalah". Isso não quer dizer que qualquer outra forma seja errada. Quanto à pronúncia: em Hebraico, se diz – Kabbalah, (Cabalá) com acento no final, que é o mais certo, sendo uma palavra Hebraica.

O autor

Apresentação

Querido leitor, já que se interessou por esse livro, peço sua permissão para apresentar-me. Meu nome em hebraico é Iosséf, que corresponde a Joseph em português. Passei pela iniciação à Sabedoria da Kabbalah em 1982, aos 22 anos de idade. E desde então venho transmitindo os seus maravilhosos ensinamentos. Estive viajando pelo mundo, visitando vários países com o motivo e a intenção de apresentar a Kabbalah às diversas comunidades.

Apesar de todos os anos ensinando Kabbalah, ainda me vejo humildemente apenas como aluno, discípulo e estudante desta magnífica Sabedoria.

Formei-me como rabino por meu mestre a grande sábio da Kabbalah, o Rabino P. S. Berg. É muito conhecido e reconhecido nos dias de hoje em todo o mundo. Rav Berg é o fundador e o Diretor Geral do Kabbalah Centre International. Ele também faz parte essencial da rica e importante história que logo contaremos a respeito da Kabbalah e dos seus sábios.

A parte mais recente desta história começa no início dos anos setenta do século passado, quando Rav Berg, juntamente com sua esposa Karen, iniciaram uma nova jornada ao aceitarem um grande desafio.

O desafio era abrir as portas da Kabbalah para o mundo todo. Uma coisa que ninguém poderia pensar ou imaginar ser possível na época. Naqueles tempos, até pronunciar a palavra Kabbalah era tabu, totalmente proibido. E ensinar a Kabbalah em público foi condenado a ser uma blasfêmia e profanação dos estudos Bíblicos.

Hoje, sem exagerar, há dezenas de milhões de pessoas que estão aprendendo, ensinando e também vivendo os conceitos e a consciência da Kabbalah no mundo. E tudo começou com um livro chamado "Introdução à Kabbalah", ou "Kabbalah para o leigo", de autoria de Rav Berg, que surgiu pela primeira vez nos meados dos anos oitenta. Escrito e publicado primeiramente em inglês, foi posteriormente traduzido para praticamente todos os idiomas do mundo: alemão, chinês, japonês, árabe, português, espanhol, etc.. Para quê?

Para espalhar o conhecimento divino da sabedoria divina da Kabbalah de tal forma que todas as pessoas em todo o mundo tivessem acesso a ela. Amplo acesso, sem bloqueios, sem condições que não possam ser atendidas, sem preconceitos, sem avaliação de merecimento, sem diferenciação entre religiões, e sem discriminação entre povos e crenças. Em outras palavras, para que todo indivíduo que manifestasse o anseio de alcançar o conhecimento da Verdade pudesse ter acesso à Kabbalah.

Rabino Joseph Saltoun

Introdução

Embora esse livro seja intencionado a ser básico e dirigido a iniciantes, é um livro importante, uma vez que apresenta todos os conceitos e temas fundamentais da Kabbalah, abrindo assim, uma nova visão sobre a vida, a Criação, e principalmente sobre nós mesmos.

Dentre as várias metas e objetivos deste livro podemos destacar dois aspectos: a dimensão teórica, onde são oferecidas ao leitor várias informações sobre a Kabbalah, e também, uma dimensão prática aplicável ao cotidiano.

Ou seja, o principal propósito desse livro é apresentar, com simplicidade e clareza, uma forma de praticar os princípios da Kabbalah em nossa vida, para melhorar emoções, relacionamentos, negócios, bem como nossa conexão com a Natureza, o ambiente e a Criação, trazendo assim mais harmonia para todos nós.

Viver é uma arte! E para melhorar a nossa vida temos que aprender como aperfeiçoar a prática dessa arte. Afinal, oferecer mais uma teoria falando sobre coisas positivas e bonitas, sem ter um lado prático, seria fútil e sem sentido.

Assim, esse livro não é só uma sequência de capítulos e assuntos soltos. Para ser útil, ele tem que fazer parte do "curso da vida" com a expectativa abrir novos caminhos e 'novos rumos' em nossas vidas, ou seja, novas fases que nos ajudarão a crescer, e também a ampliar e aprofundar nossa compreensão da vida e de nós mesmos.

Trata-se de uma história que apresenta também uma mensagem moral e espiritual, descrevendo o que aconteceu com a consciência humana e como ela se desenvolveu (ou não) ao longo da História em geral.

Sumário

Parte 1
As Chaves

As Chaves

Profecias
tornam-se Realidade

História dos Sábios da Kabbalah

A história dos sábios da Kabbalah aconteceu paralelamente à história comum da humanidade, mas nos bastidores. É uma história bem longa, mas que não consta simplesmente de uma sequência de eventos e acontecimentos organizada segundo datas registradas, e conhecidas pela história comum. Permaneceu oculta ao olhar do público. Apesar disso, é a história verdadeira porque afetou todos os acontecimentos. É verdadeira porque não foi escrita para manipular ou impressionar ninguém. Não trata de eventos aleatórios que apareceram por acaso. Tudo que aconteceu teve uma razão que faz parte do plano divino.

Essa história começou com a primeira pessoa, o primeiro ser humano, que nasceu, viveu aqui na Terra e tornou-se consciente de sua existência Tudo começou a partir do momento em que ele fez algumas perguntas simples, bem simples mesmo, sobre a vida e sobre seu sentido. O que ele procurava eram as respostas sobre o significado essencial da sua estadia aqui na Terra. Ele quis simplesmente saber por que existia! Nós também!

Por enquanto, essa nossa estadia nesse mundo ainda é temporária. E justamente por isso, temos até mais perguntas: Por quê? Para quê? Qual o sentido? Se Deus existe, por que Ele criou o mundo desta maneira? Se Deus não existe, então porque nós existimos aqui? Quem criou o mundo? E com que propósito ele foi criado? Será que a Ciência tem razão? Será que as Religiões têm razão? Quem está falando a verdade hoje? Quem é o dono da verdade? Quem pode pretender ser o dono da verdade? Quem tem o direito de falar em nome da verdade?

Primeiramente, é essencial estabelecer o real significado da palavra verdade e de vários outros conceitos sobre a vida, segundo a Kabbalah.

Além dos Cinco Sentidos

A Kabbalah é chamada de 'A Sabedoria da Verdade' porque explica a essência da Criação, a essência interna, que às vezes nossos cinco sentidos não percebem.

Com o estudo da Kabbalah estaremos abrindo em nossas vidas um novo caminho e uma nova fase de compreensão com os quais aprenderemos coisas e perceberemos pontos de vista, que estão além da primeira percepção dos eventos, fatos e acontecimentos. Isto faz parte do processo de evolução e desenvolvimento da consciência humana.

Os primeiros livros modernos publicados sobre a Sabedoria da Kabbalah nos meados do século passado causaram naquela época uma grande revolução. Hoje, o assunto se tornou bastante popular e existem várias publicações. É um fenômeno significante, porque sinaliza que a barreira do medo e dos preconceitos relacionados a esse assunto caiu e desapareceu.

Na realidade, pode-se constatar que nos últimos dois mil anos os sábios da Kabbalah sempre ficaram isolados e afastados da sociedade. Ao olhar do público eles apareceram como diferentes. Pensaram e se conduziram de uma forma diferente do que era considerado habitual naqueles tempos. E por isso sofreram preconceitos e até perseguições. Mesmo assim, eles tinham uma missão. Sim, a missão divina de proteger, guardar e manter a chama da Kabbalah acesa até a chegada da hora certa de abrir seus portões para todo mundo. A Kabbalah foi passada do mestre para seu discípulo ao longo de muitas gerações, esperando pelo último 'aluno privilegiado' que vai conseguir estudá-la e entendê-la em todos os idiomas e linguagens possíveis, percebendo claramente os conceitos mais profundos da Criação, da Vida, de Deus, da Divindade, das Religiões, da Filosofia, e da própria consciência humana. Cada pessoa que vive em nossa geração atual é esse aluno!

Esses sábios da Kabbalah estavam cumprindo uma missão, uma tarefa cósmica e divina, que começou junto com os primeiros momentos da história da humanidade.

Duas Dimensões da Vida

Antes de tudo, é importante ressaltar que a Kabbalah sempre distingue duas dimensões da vida. Isso se aplica a todo e qualquer aspecto da vida; ao ser humano, a qualquer evento, acontecimento, mito, matéria física, em tudo. Há sempre duas dimensões. A dimensão conhecida ou percebida através dos cinco sentidos, e a dimensão além deles.

Hoje a Ciência usa o termo 'metafísica', para definir o mundo além do físico. O termo 'energia' é muito utilizado hoje para explicar o que não percebemos com os cinco sentidos.

A palavra energia vem sendo utilizada em vários contextos. As pessoas frequentemente dizem: Ah, isso é energia! Será que os sábios da Kabbalah, os filósofos esotéricos e os cientistas estão falando sobre a mesma coisa, só que com palavras diferentes? Podemos concluir que sim.

Antes o termo era espiritualidade, hoje é metafísica. No passado, falava-se em termos de religião, Deus ou Divindade. Hoje o termo é física quântica. São conceitos diferentes que explicam a mesma coisa. E a Kabbalah reconcilia estes dois lados - ciência e religião - que criam tantos conflitos e paradoxos no mundo.

O objetivo principal de estudar Kabbalah é transcender a percepção fragmentada da realidade e perceber que a essência de todos os conceitos é a mesma e única. Quem atinge o acesso à essência da Vida e da Criação vai conseguir anular totalmente todos os conflitos - tanto internos como externos.

Autoconhecimento

Conflitos externos podem também significar guerra, atritos, discussões, etc. Tudo que leva, no final, à autodestruição. A chave da paz mundial, da consciência e da autorrevelação está dentro de cada pessoa. A chave é o autoconhecimento.

Autoconhecimento é a porta que abre o caminho para divisar um novo curso de vida surgindo dentro de nós mesmos. Assim, passamos a buscar as respostas e as soluções internamente, ao invés de esperar que elas cheguem até nós através do mundo externo.

A Kabbalah explica que tudo já existe dentro de nós; é só uma questão de reconhecer o fato de que os poderes espirituais e metafísicos já existem em nosso interior. Mas, precisamos de treinamento para poder receber a capacidade e a habilidade de aproveitar nossos poderes internos.

Graças à abertura da Kabbalah, milhões de pessoas em todo o mundo estão, como você leitor, aprendendo a aplicar as ferramentas da Kabbalah em suas vidas.

O fundamental nesse processo é de não ter medo de fazer perguntas. Não existe uma pergunta 'boba' – mas infelizmente existem muitas respostas 'bobas'. Qualquer dúvida que tenhamos é válida. Isso é porque a Kabbalah é a fonte de toda a sabedoria que o ser humano está procurando. Ela estimula a mente humana a perguntar. Sem perguntas não haveria nem estudo, nem aprendizado e nem crescimento. A palavra chave é por quê!

Além disso, é recomendável participar de atividades, tanto espirituais como sociais, ligadas à Kabbalah. Essas atividades devem ter o propósito de mostrar que temos mais em comum do que diferenças. Assim podemos seguir nos estudos, livres de preconceitos e sem nenhum tipo de discriminação. Tudo isso com a intenção de criar uma coletividade aberta, que não julgue ou critique qualquer pessoa por religião, fé, credo, opinião ou ideia.

Além das Religiões

Apesar de não ser uma religião em si, a Kabbalah é a essência de todas as religiões. Ela não prega acreditar em Deus da forma comum, por isso até ateus podem estudá-la sem temer que alguém vá tentar convencê-los a acreditar em Deus. A Kabbalah transcende totalmente o mundo da separação, inclusive o das religiões. Está além das religiões, da religiosidade e da filosofia das religiões. Por isso, através da Kabbalah pode-se alcançar um nível de consciência espiritual e iluminada que é traduzido como 'conhecer o Divino'. Não é mais uma questão de acreditar ou não. No mundo da Kabbalah não há lugar para fé cega!

Através do estudo da Kabbalah pode-se abordar o conceito da religião dentro de uma visão mais ampla, mais aberta, mais livre, para que todos possam atingir a ligação com a essência da filosofia da vida que as religiões apresentam, mas sem intermediários, sem precisar assumir uma maneira de viver religiosa, ou rigorosa, e sem uma mudança externa.

A Kabbalah fala de uma mudança unicamente interna. Não se trata de uma mudança fora de nós, como a troca de uma roupa. E isso certamente representa um processo mais demorado, que requer mais tempo.

No sentido externo, podemos mudar, trocando de casa, de carro, de trabalho e de posição na vida. Contudo, o crescimento interno é mais difícil, porque exige transformação e consciência sobre a vida, além de certas qualidades, como honestidade, integridade e parar de mentir ao mundo externo e a nós mesmos. Talvez essa exigência seja a parte mais difícil no aprendizado da Kabbalah, que, em sua essência, é o conhecimento mais simples do mundo.

A Fonte da Verdade

Costumo sempre dizer que todos já conhecem a Kabbalah. Apenas não têm consciência disso, devido a antigos bloqueios psicológicos e emocionais, que são resultados de processos pelos quais passamos ao longo da vida e que criam fortes barreiras, impedindo a conexão com nosso eu verdadeiro.

A Kabbalah, sendo na essência o conhecimento mais simples do mundo, é a Verdade. Mas o que significa a Verdade?

Para nós, o mundo físico é o mundo de muitas mudanças. Por este motivo, a verdade de hoje pode mudar amanhã. A mentira de hoje pode se tornar a verdade de amanhã e vice-versa. Mas será que existe algo verdadeiro que não mude - imutável e eterno - capaz de retirar toda a confusão de nossa cabeça?

Existe, sim. Mas a fonte dessa verdade não está no mundo físico. A fonte da verdade eterna existe no mundo espiritual, além do mundo físico, o mundo que só hoje os cientistas começam a revelar, que é o reino da metafísica. Esse é o mundo da essência energética da Criação.

Os sábios da Kabbalah já revelaram que este mundo é uma dimensão da existência divina do ser humano. Eles canalizaram e transmitiram à dimensão física a palavra divina, descrevendo essa esfera espiritual.

A cada geração surge um sábio da Kabbalah – pelo menos um – descrevendo como é essa dimensão e como podemos fazer a conexão entre o nosso mundo físico aqui na terra e a fonte da verdade eterna.

A Kabbalah é a sabedoria da divindade, eterna e imutável. A consciência que o primeiro mestre da Kabbalah tinha milhares de anos atrás é a mesma consciência de que estamos usando hoje. As palavras, o modo da fala, a linguagem, os idiomas e as cidades mudam, mas a essência é sempre a mesma.

Assim, não apenas a definição da palavra 'verdade' (algo que não muda) é a mesma na visão da Kabbalah, mas qualquer assunto, qualquer conhecimento, filosofia, opinião, que hoje é uma 'verdade' e amanhã muda, pertence ao mundo da ilusão – que não é o verdadeiro.

Ilusão não quer dizer um mundo sem sentido, mas significa um mundo temporário, que realmente passa por mudanças. A Kabbalah não mudou por milhares de anos. E aqui começamos a nossa história da Kabbalah, voltando ao passado, perguntando: Quem foi o primeiro sábio da Kabbalah? Como ele viveu? Por que a Kabbalah apareceu? De onde?

Abraão, O Patriarca

O principal sábio da Kabbalah sobre quem a tradição cabalística fala, é Abraão o Patriarca. Podemos encontrá-lo na Bíblia buscando a Deus, o sentido da vida, da morte, e de tudo o que existe.

Quem é Deus? Onde ele está?

Abraão se propôs estas perguntas; e não desistiu até obter as respostas. Ele sabia que elas não estavam no mundo físico, e sim em sua mente, e que somente transcendendo a forma física poderia encontrá-las. E, assim, Abraão passou a contatar o nível que podemos denominar de Consciência Cósmica.

A Kabbalah fala de uma dimensão espiritual chamada Consciência Cósmica – onde todos os seres humanos estão conectados entre si, formando um único ser. Neste mundo físico em que vivemos, somos todos diferentes e separados uns dos outros, mas em nossa dimensão espiritual isto não acontece, não há esta separação.

E foi esta unidade que Abraão sentiu e revelou ao mundo. Uma unidade que só existe na dimensão espiritual.

Consciência Cósmica é uma expressão que na verdade, descreve o termo 'Deus' com outras palavras, de outra forma. É esse 'Deus invisível' que estamos buscando há séculos. Por que é invisível? Apenas porque não se pode vê-lo?

A Bíblia está ligada à nossa fé religiosa e, também, à crença no monoteísmo, em um único Deus, que existe lá no céu. Contudo, podemos dizer que durante quase quatro mil anos, mais precisamente três mil e oitocentos anos, desde a primeira apresentação de 'Deus' como 'Deus único', até hoje, infelizmente ainda existem muitas confusões, conflitos, mal-entendidos, sobre o termo monoteísmo, o termo Deus e a mensagem que Abraão, o Patriarca, quis passar ao mundo.

Atualmente é comum dizermos: "Mas ninguém tem respostas para tudo!" Contudo, a Kabbalah afirma que tem todas as respostas para todas as perguntas do mundo.

Existe até uma frase que costumamos utilizar: "Na Kabbalah podemos encontrar todas as respostas para todas as perguntas que já fizemos e também para as que ainda não fizemos". Ou seja, a Kabbalah tem todas as respostas para todas as perguntas que existem e até mesmo para as que não foram feitas. Isso acontece porque a Kabbalah lida com a 'semente' e a causa principal de tudo. Na semente encontra-se tudo, enquanto no galho só aparece uma parte fragmentada. A semente é a fonte de toda a informação procurada.

Uma Consciência Espiritual

A história humana está cheia de atrocidades, guerras, destruição em nome de Deus, de Alá, de God, de Elohim, e de todos os nomes sagrados que as Escrituras Sagradas de todas as religiões citam como sendo aquele Deus único! Como é possível? É claro que alguma coisa deve estar errada, alguma coisa saiu do caminho certo.

A Kabbalah está tentando devolver a consciência humana às origens, e também às raízes mais puras da consciência monoteísta, para esclarecer novamente a mensagem divina, que foi passada através de Abraão, o Patriarca, para todo mundo.

De acordo com a Kabbalah, Abraão é considerado a primeira pessoa e o primeiro sábio que transmitiu, ou quis transmitir ao mundo uma consciência espiritual e não uma religião. Porque ele não quis criar uma religião, mas revelar que é possível a Kabbalah ajudar o ser humano a transcender as limitações do mundo físico e atingir a conexão com a fonte divina e eterna da sabedoria cósmica, e desta forma, receber o conhecimento sobre tudo que passamos ao longo de nossas vidas. E, além disso, também ter condições de controlar de certa forma o seu destino, evitando catástrofes pessoais, particulares ou coletivas. Será que tudo isso é possível? Essa, também, é uma pergunta a ser respondida mais adiante.

A vida virou uma batalha e uma luta para ganhar dinheiro e o nosso pão de cada dia. De acordo com a Kabbalah, a vida é uma batalha espiritual destinada a transcender as limitações de nossa concepção e percepção de nós mesmos e do mundo, para vivermos de forma mais divina e equilibrada.

Fé Cega e Busca Interna

Entretanto, pensar que alguém virá para salvar o mundo é uma esperança vã, afirma a Kabbalah. O Salvador está dentro de cada pessoa. Foi o que Abraão, o Patriarca, revelou como sendo o segredo e a plena compreensão do conceito de 'Deus'. O encontro com 'Deus' se realiza através do autoencontro. Ou seja, quando descobrimos a nossa essência divina, dentro de nós, encontramos 'Deus'.

Abraão, o Patriarca, não inventou nem fundou uma religião baseada na fé cega. Ele se perguntava: Porque o sol aparece? Porque o sol desaparece? Porque a lua surge? Porque a lua depois some? Porque as estrelas aparecem à noite? E porque há tantas estrelas no céu? Quem criou isso, e para quê?

Certamente estas perguntas refletiam uma busca interna. Abraão não as fez para provocar, irritar ou agitar alguém. Simplesmente queria encontrar as respostas verdadeiras. E, desta forma, acabou conseguindo revelar a dimensão da vida eterna.

Idolatria

Quando Abraão voltou para contar ao seu pai e à sua família que havia encontrado a dimensão energética que está além do mundo físico, que é a fonte de tudo e à qual todos podem ter acesso, teve que enfrentar novos obstáculos.

Encontrou à sua frente os preconceitos, a falta de capacidade mental, ou simplesmente falta de vontade em ouvi-lo, por parte de seu pai, de sua família e da coletividade. E as pessoas questionavam: Como pode existir um Deus que ninguém consegue ouvir? Como será um Deus que ninguém consegue enxergar, ou ver? Ou então um Deus em que ninguém pode mexer? Que ninguém pode vender ou comprar?

Naquela época, a adoração do que se considerava 'Deus' era realizada através de idolatria. Ídolos que podiam ser vendidos ou comprados e eram adorados como Deuses. Mas o que significa idolatria?

Hoje, também, quase a mesma coisa pode acontecer conosco em nosso mundo. Uma vivência espiritual já é possível em nossos dias. Sem dúvida, atualmente há mais livros, mais pessoas que falam – com menos medo e bloqueios – sobre vivências espirituais. Fenômenos paranormais, telepatia, o poder de autocura, *healing*, transmissão de energia, já são quase parte de nosso dia a dia. Contudo, mesmo assim, às vezes a descrença é grande e as pessoas dizem: Ah, me deixe em paz! O que significa uma coisa em que eu não posso mexer, que não posso enxergar? Isso não existe. Eu acredito só em coisas que posso enxergar e sentir que existem. Coisas que não enxergo, para mim, não existem.

Será que ainda existe a influência da idolatria entre nós? Será que a mudança foi só uma mudança de nome, mas não do conceito, da essência?

Em vez de idolatria, hoje existe o materialismo que diz: É preciso fazer mais dinheiro, temos que ganhar mais, crescer mais. Mas, neste caso, o crescimento e a evolução se encontram apenas no sentido da matéria. E o espírito?

A Necessidade Real

A Kabbalah não é contra os bens materiais, e não nega nossas necessidades materiais. Entretanto, explica que qualquer obsessão fanática, materialista, não irá satisfazer nossas necessidades internas e espirituais.

Assim, a Kabbalah abre uma nova porta, sem fechar a que conhecemos. Ela reconhece que cada pessoa tem uma dimensão física – o corpo – e necessidades físicas, como respirar, comer, vestir-se, divertir-se. Mas ressalta que, paralelamente, temos necessidades espirituais e emocionais. E se não cuidarmos desse lado espiritual e emocional, a vida física e nossos desejos irão se tornando cada vez mais possessivos e obsessivos, sem gerar satisfação interna. Uma sensação de vazio irá aparecer em nossa vida. E isso, é claro, pode ser um grande tormento mental e espiritual para nós.

Desta forma, a busca da sabedoria e do conhecimento, é uma necessidade para a sobrevivência equilibrada do ser humano. Traz o equilíbrio nas atitudes para consigo mesmo e para com o próximo.

"Sêfer Ietsirá", o Livro da Formação

Abraão, o Patriarca, revelou a fonte eterna da sabedoria cósmica, da energia infinita, em um livro chamado "Sêfer Ietsirá, o Livro da Formação", que recebeu ou canalizou, quando transcendeu as barreiras da matéria e entrou em contato com a Divina Consciência Cósmica.

Assim, o primeiro livro da Kabbalah tem três mil e oitocentos anos, foi escrito em hebraico e denominado "Sêfer Ietsirá".

Explicando as palavras em hebraico: Sêfer quer dizer livro e Ietsirá (que pode ser escrito com "Y" ou com "I"), quer dizer formação. O que Abraão, o Patriarca, revelou nesse livro, não se trata de uma nova teoria que acabou sendo conhecido como o 'monoteísmo' ou fé cega em um Deus invisível, a quem é proibido ver. Na verdade, "revela a fonte eterna da sabedoria cósmica infinita, assim como a essência da Criação e todos os segredos e mistérios da vida".

Atualmente a ciência e os cientistas estão investindo milhões de dólares para decifrar os códigos do DNA. Tudo isso já foi revelado na Kabbalah.

Amnésia e Autolembrança

No estudo da Kabbalah não se aborda nada que seja novo. Nós todos já sabemos tudo e até toda a divina Sabedoria da Kabbalah. Esta é a novidade que vamos descobrir pelo autoconhecimento. Através da Kabbalah passaremos um processo de autolembrança, para recordarmos o que sabíamos, mas esquecemos.

No sentido da consciência coletiva, o ser humano está sofrendo de uma doença que é chamada de amnésia, esquecimento total. O estudo da Kabbalah, em geral, é um processo de autorrevelação e autolembrança: Quero lembrar o que antes sabia, mas que esqueci!

Mas o que significa 'antes sabia'? Quando? E porque esqueci?

Nossa consciência interna, conhecida como nossa alma, ou nossa existência energética, não começou a viver desde o primeiro momento do nascimento, seja quarenta, cinquenta, vinte, dez, ou dois anos atrás. Nossa essência energética já existe no mundo desde o primeiro momento da Criação.

Ou seja, em termos de Kabbalah, a nossa entidade energética é eterna. Assim, qualquer conquista ou qualquer realização física pode nos dar uma satisfação, mas será apenas uma satisfação temporária, que aparece e depois desaparece. A ver

Satisfação Imediata, mas Temporária

A cada dia temos mais desafios, mais desejos, maior vontade de conquistar mais, alcançar mais. Por quê? Porque a nossa fonte de satisfação não está no mundo físico. Nossa satisfação, ou a sensação de que nossos desejos serão satisfeitos, deve chegar de outra dimensão, da dimensão de nossa alma, de nossa entidade energética, divina e eterna, e do mundo eterno.

Desta forma, muita gente passa por grande sofrimento, dor, frustrações. Embora fisicamente a pessoa possa parecer alguém que já conseguiu alcançar as melhores metas da vida – dinheiro, fama, reconhecimento, amor, família – ainda assim alguma coisa lá dentro permanece vazia.

É como se tivéssemos um buraco dentro de nós que clama: Tudo bem, eu tenho tudo. Mas, na verdade, me sinto que não tenho nada.

Como pode ser? A pessoa pensa: Todo mundo diz que eu já tenho tudo, que devo ser a pessoa mais rica, mais satisfeita do mundo. Mas eu sei que tudo isso não vale nada, tenho tudo, mas não tenho nada.

Se ouvirmos uma pessoa que tem tudo dizer que não tem nada, nossa reação pode ser: Olha só, essa pessoa deve estar louca, precisando de um psicólogo, de uma terapia para resolver seu problema.

Contudo, uma pessoa espiritual não vai reagir desta maneira. Uma pessoa espiritual dirá: Sim, você tem razão. Todas as coisas do mundo não conseguem satisfazer a sede interna de nossa alma.

A Conexão com a Fonte Espiritual

A conexão com a fonte espiritual da Criação nos dará, pelo menos, uma chance de começarmos a saber como é possível satisfazer nossas necessidades emocionais e espirituais para nos sentirmos mais felizes, equilibrados e pacientes; não apenas por um momento, um dia, um mês, ou um ano, mas para sempre.

Paz de espírito não é um ideal ou um prêmio para pessoas virtuosas. É um dos aspectos da felicidade mais essenciais da vida e de continuidade da vida. Sem paz de espírito, a pessoa tomará a decisão errada no momento errado, e acabará se destruindo.

Sem clareza em nossa mente não temos chance de concretizar os fins desejados quando iniciamos um novo projeto. Quando a pessoa toma uma decisão crucial em meio a brigas, com a mente confusa, não pode esperar que este estado mental traga realizações positivas.

As influências que sofremos todos os dias são como que um tipo de lavagem cerebral, da qual hoje estamos querendo nos limpar e purificar. Porque a vida que levamos não para e não nos deixa parar. Se quisermos parar um pouco, nos acalmarmos, pensar, refletir, analisar a situação, logo vem a reação: Não há tempo, tenho que agir, decidir, tomar uma decisão agora ou vou perder, não posso perder tempo!

É necessário purificar nossa mente dessas influências obsessivas, atingindo um nível de consciência mais iluminado, mais puro. E a Kabbalah nos mostra como fazê-lo.

Salvando o Mundo

No comportamento humano falta a compaixão necessária, para nos relacionarmos com os outros. Falta o perdão no lugar da crítica, do julgamento. E isto causa explosões, verdadeiras catástrofes, tanto pessoais como na natureza.

Será que podemos evitar esse processo, esse curso da vida? A Kabbalah diz que sim. Mas, antes de mudar ou modificar o processo externo, precisamos também, evidentemente, de uma mudança interna. Essa é a chave: mudança interna. Há muita gente querendo salvar o mundo, mas ninguém sabe como fazê-lo.

A Kabbalah, contudo, afirma: ao invés de tentar salvar o mundo, vamos começar com uma única pessoa, cada pessoa consigo mesmo. Cada um deve assumir a responsabilidade sobre sua própria vida. Nossas ações hoje são as consequências de amanhã.

Muitas vezes nossas ações criam confusão, caos, desordem.

Isaac Newton nos mostrou a lei da física enunciando ação e reação. Qualquer ação nossa provoca uma reação, e dessa maneira, entramos num ciclo cruel de ações e reações negativas e autodestrutivas.

Por sua vez, Abraão, o Patriarca, revelou as leis cósmicas que dominam e estabelecem ordem em nossa vida.

É preciso mudar conscientemente nosso comportamento autodestrutivo e agir de maneira mais positiva, com mais harmonia e em sintonia com as leis cósmicas.

Dessa maneira podemos garantir que as consequências de nossas ações no futuro serão a nosso favor, e não contra.

Um Código

A obra "Sêfer Ietsirá", O Livro da Formação, escrita por Abraão, tem somente três páginas que revelam todos os segredos, todos os mistérios da vida, da Criação. Tudo o que a ciência hoje ainda está procurando já existe nesse livro tão pequeno.

Vocês podem estar pensando: Então, vamos começar! Três páginas só! Dá pra ler em pouco tempo! Todos os segredos da criação em três páginas, que maravilha!

Na verdade já existem traduções para o inglês, espanhol e português, mas não é assim tão simples. Por quê? Qual o problema? Qual a dificuldade?

A dificuldade não é falta de inteligência ou capacidade mental para traduzir, para entender as palavras. Essa não é a questão. A dificuldade está na falta de algo essencial: uma chave.

Esse livro, escrito há três mil e oitocentos anos, revela a semente da Criação de uma forma codificada e, para ser entendido, precisa ser decifrado.

Assim como nosso código biológico, o DNA – que descreve a dimensão genética essencial da vida – precisa também ser decodificado; o "Sêfer Ietsirá" precisa de uma chave para ser entendido.

Quando Abraão, o Patriarca, revelou os segredos da vida eterna e da Criação, ele nos mostrou o DNA espiritual da Criação. Nas três páginas do seu livro encontramos uma descrição deste DNA. Desde que se tenha a chave para decifrar seus códigos e traduzi-los em termos intelectuais.

Curando o Mal pela Raiz

Quando os cientistas manipulam o DNA da semente o que podem conseguir? Controle sobre o futuro. Têm condições de resolver antecipadamente ou até mesmo curar uma doença ou um problema que poderia vir a surgir no futuro.

Assim, ao invés de alguém nascer e viver com uma doença fatal, sem cura, e passar o resto da vida sofrendo, a ciência, seguindo o caminho lógico e óbvio, está oferecendo uma nova maneira de viver. A lógica dessa maneira é baseada sobre o principio de resolver os problemas ainda pela raiz. Para evitar um futuro doloroso e com sofrimento.

A Kabbalah também quer solucionar os problemas pela raiz. Abraão, o Patriarca, abriu essa janela, essa oportunidade, para todo mundo, mas no sentido espiritual.

Quando fala de duas dimensões – a dimensão física e a dimensão espiritual – a Kabbalah explica que o mundo espiritual, o mundo metafísico, domina e influencia o mundo físico, mas não vice-versa.

O mundo físico não pode mudar ou influenciar o mundo espiritual. Mas o contrário, sim, é possível. O mundo espiritual, o mundo da energia, é o mundo verdadeiro e eterno; é da essência, e, portanto, influencia o mundo físico.

Assim, podemos aproveitar essa regra fundamental da Criação para entrarmos no mundo espiritual e influenciar o mundo físico, para o bem, é claro. Para o nosso bem.

A ciência revelou um principio que é básico. Mas a Kabbalah já revelou esse 'segredo' há quatro mil anos, com o livro que nos abre o DNA cósmico e espiritual da Criação.

A Época do Rabino Shimon Bar Iochai

Sem a chave, sem uma decodificação do "Sêfer Ietsirá", ele não será útil a ninguém. Da mesma maneira, se o código do DNA não for decodificado, o simples contato com ele também não pode resolver problema algum.

Onde está a chave, então? Ela chegou ao mundo, à história da humanidade, mil e oitocentos anos depois de Abraão, o Patriarca, através do rabino Shimon Bar Iochai, um grande mestre da Kabbalah. Seu nome em hebraico, Shimon, pode ser traduzido em português por Simão e Bar Iochai quer dizer filho de Iochai.

Um pouco menos de dois mil anos atrás, entre os anos 70 e 150 da era cristã, o rabino Shimon Bar Iochai presenciou uma época muito turbulenta da história.

No ano 70, o Templo Sagrado de Jerusalém foi destruído, dando início a um período onde o povo judeu, ou hebreu, se sentiu perdido, privado de seu centro cultural, e quase ficou sem continuidade.

Naquela época, surgiram várias pessoas, rabinos, pessoas comuns, pessoas leigas e outras sábias, falando sobre uma esperança para o futuro, dizendo que tinham que continuar e que Deus não os havia abandonado.

Assim o ideal messiânico apareceu de várias maneiras para recuperar a esperança de que Deus, um dia, salvará o mundo.

Foi nesse período também que surgiu Jesus, falando sobre o reino de Deus, a salvação, e como cada pessoa pode atingir sua salvação interna. Nesse período começou a divisão entre as duas religiões, de um lado a religião judaica, do outro a religião cristã. E pelos dois mil anos seguintes, essas duas religiões vêm se opondo, discordando, causando guerras. Para quê? Por que motivo?

A Kabbalah explica que é por um único motivo, uma única razão: Ignorância! A ignorância é o câncer mental e espiritual da consciência humana.

Em Nome de Deus

A sabedoria da Kabbalah é a sabedoria da verdade, da Iluminação espiritual. Iluminação significa acabar com a escuridão espiritual, que cria a ignorância.

Ignorância, no sentido espiritual, é quando uma pessoa não sabe a verdade e, pior ainda, não quer saber. Pode ser vista como uma doença que está acabando com a inteligência coletiva humana: não querer saber – ou seja, ignorar a verdade. Por isso a palavra ignorância vem de ignorar.

Se a pessoa desconhece a verdade, não há do que se envergonhar. Ninguém sabe tudo.

Mas a quando a pessoa não quer saber a verdade e diz: Não, isso não pode ser verdade! Eu nego isso, para mim isso não existe! Isso é ignorância, o câncer que está consumindo a consciência humana, criando aqueles 'buracos negros' de medo, ódio, destruição, discriminação. É tudo isso fica pior ainda quando é feito em nome de Deus, de Alá, de Jesus, etc., Em nome de todos os nomes sagrados.

Em nome de Deus foram feitas as piores e mais cruéis atrocidades. Será que esse é o bom senso da humanidade? É isso que Deus quer?

O que a Kabbalah Oferece

Os sábios da Kabbalah vêm acompanhando a História, só para equilibrar, quando podem, a loucura, a insanidade que, às vezes, invade a consciência humana. Mas nem sempre conseguem seu intuito, porque não têm como objetivo convencer, pregar ou ameaçar dizendo: Se vocês não obedecerem às leis de Deus, vão acabar sendo queimados no inferno! Esse não é o idioma nem a linguagem da Kabbalah.

A Kabbalah se baseia no livre-arbítrio e na autoconvicção. Ou seja, a pessoa pode ler um livro, pode estudar, mas precisa estar convencida e dizer: Ah, isso vai me ajudar. Eu quero assumir essa teoria, essa maneira de viver, essa filosofia, para melhorar a minha vida e a de meu ambiente. É apenas através da própria experiência que a pessoa pode ser convencida.

Senão, a Kabbalah não pode funcionar. Porque ela não se baseia em lavagem cerebral. Não existe o pensamento: Eu vou convencer vocês de que eu tenho razão!

Porque, mesmo que alguém conseguisse convencer o outro de que tem razão, num outro momento, alguém mais esperto, mais carismático do que o primeiro poderá fazer o mesmo e tomar seu lugar. E assim por diante. A Kabbalah não funciona dessa maneira.

A Kabbalah oferece as opções, as ferramentas e a sabedoria. Assim ela abre espaço para que cada pessoa tome a sua própria decisão, manifestando sua própria consciência divina. Cada um tem um caminho espiritual que é totalmente diferente de qualquer outra pessoa no mundo. Ninguém pode seguir o caminho do outro. Cada um de nós tem que pavimentar seu próprio caminho.

Não existe uma lei rigorosa, que seja igual para todos e que deva ser obedecida por todos de maneira cega. Infelizmente, essa consciência imperou pelos últimos dois mil anos, criando a Idade das Trevas, da escuridão mental e espiritual, e o preço foi a perda de milhões de vidas.

Sábios perseguidos

Hoje, estamos vivendo em outra geração, outro milênio, com outras opções. Nossa época é chamada Nova Era, Era de Aquário, e até Era Messiânica.

Mas será que a História está se repetindo? Há dois mil anos atrás a consciência humana também entrou em uma turbulência emocional, espiritual, perdendo seu centro espiritual, o Templo Sagrado. Sagrado não só para o povo judeu, mas para a maior parte da civilização conhecida daquela época.

Assim, a perda do Templo Sagrado quase acabou não só com a continuidade de um povo específico, mas com a sanidade da consciência humana.

E por esse motivo surgiram rabinos, sábios da Kabbalah e discípulos da Bíblia dizendo: Não vamos abandonar as esperanças, não vamos desistir! Tenham esperança!

A esperança está dentro de nós, segundo afirmava o rabi Shimon Iochai, seu mestre Rabino Aquiva, e vários outros rabinos, sábios da Kabbalah, naquela época.

Sim, os sábios da Kabbalah nos explicam que todo profeta que chega ao mundo – seja Jesus, Buda, Maomé, Abraão, o Patriarca, rabi Shimon Iochai – é alguém que não deseja criar uma fragmentação no povo. São pessoas espirituais, iluminadas, que tentam trazer luz à consciência humana. Mas, infelizmente, a mensagem por eles transmitida nem sempre é bem recebida.

Por este motivo, o rabino Aquiva, mestre de Rabi Shimon Bar Iochai, foi aprisionado pelos romanos e crucificado. Naquela época, qualquer pessoa que falasse sobre uma esperança espiritual, que tentasse salvar a sanidade da consciência humana, arriscava a própria vida. Seria presa e assassinada da maneira mais cruel possível, para reprimir totalmente qualquer nova tentativa de falar em nome da sanidade, da consciência divina - da Kabbalah.

Treze Anos em Uma Caverna

Durante os últimos dois mil anos, lamentavelmente, os sábios da Kabbalah foram perseguidos tanto por judeus como pelos cristãos. Até hoje, a palavra Kabbalah, às vezes, ainda provoca uma forte reação: É proibido! Você vai enlouquecer! Assim, muitas pessoas ainda falam e advertem que é perigoso estudar a Kabbalah.

Os que temem a verdade podem sentir medo de que ela seja revelada. Mas a verdade não enlouquece ninguém. Se ela nos enlouquece, acredito que seja melhor não continuar a viver. Porque, em termos espirituais, viver em um ambiente de automentira e hipocrisia é pior do que a morte.

Essa foi a mensagem de todos os profetas, dois mil anos atrás, que tentaram unir os povos e o mundo.

Uma das pessoas que participaram dessa revolução espiritual foi o rabino Shimon Bar Iochai, que conseguiu escapar da perseguição dos Romanos e esconder-se em uma caverna durante treze anos. Por quê? Porque foi perseguido, e não só pelos romanos, mas também por outras pessoas que não queriam deixar o mundo da mentira e da manipulação?

Naquela época a insanidade tomou conta do mundo. A escuridão e a ignorância criavam inimizade e animosidade entre todos os povos, de forma nunca vista antes. As pessoas pensavam: Ah, meu irmão é meu inimigo. Eu preciso matá-lo, antes que ele me mate. E assim começou uma história de dois mil anos de Idade das Trevas.

Justamente no início dessa época, rabi Shimon Iochai se escondeu em uma caverna por treze anos, apenas com seu filho. Ninguém sabia onde ficava seu esconderijo. Nem a esposa, nem a família, nem os seus discípulos - ninguém! Ele fugiu de todo mundo. Para quê?

Uma Viagem Astral

No inicio, Bar Iochai escondeu-se para salvar sua própria vida, ao constatar que qualquer pessoa que falasse sobre a Torá, a divindade, consciência divina, amar ao próximo como a si mesmo, seria condenado, e provavelmente assassinado, por estar fazendo uma revolução contra os romanos, contra o rei, e em resumo, contra o que foi visto como a absoluta autoridade daquela época. Bar Iochai, sendo um sábio e líder espiritual que ensinava os princípios da Kabbalah e da autolibertação, foi condenado à morte. Ele precisava fugir desse decreto e esconder-se. Ele e seu filho, Rabi Elazar encontraram uma gruta e ficaram ali escondidos por treze anos.

Mas existe outra dimensão, o outro lado da moeda. Ou seja, a história física contém também uma mensagem espiritual.

Por que Bar Iochai? E por que treze anos? O que aconteceu naquela caverna durante esses treze anos?

No livro denominado "Zohar", ou Livro do Esplendor, Shimon Bar Iochai revela o que aconteceu com ele no sentido espiritual durante aqueles treze anos. Descreve a maneira como passou por uma vivência espiritual, saindo do corpo. Hoje, o termo para esse fenômeno é viagem astral. Naquela época, ninguém falava sobre sair do corpo. Quem tivesse a coragem de falar sobre isso, para descrever vivências espirituais e dimensões metafísicas da existência humana, seria imediatamente condenado e morto.

Por este motivo Bar Iochai escreve no Zohar que ainda não havia chegado a hora de revelar o conhecimento da Kabbalah ao mundo. O povo, o público, ainda não estava pronto para receber de maneira adequada, o conhecimento da Kabbalah.

A Profecia do Rabino Shimon Bar Iochai

Contudo, Bar Iochai escreveu uma profecia ao dizer que, no futuro, chegaria ao mundo uma geração que iria procurar a sabedoria da Kabbalah. E o futuro ao qual ele se referiu chegou.

Nossa geração é a que aparece na profecia de rabi Shimon Iochai, buscando a revelação do Zohar, da Kabbalah e da sabedoria divina da Criação e da vida.

Por este motivo, hoje, o Zohar, pode ser encontrado em várias línguas, como inglês, espanhol, e, recentemente, uma parte já foi traduzida para o português. Não é fácil traduzir uma obra desse nível, desse grau de consciência, mas é possível e até necessário.

Portanto, o fato desse livro estar se tornando cada vez mais popular, conhecido e estudado, é uma prova de que essa profecia está sendo realizada nos dias de hoje.

E aí surge a pergunta: Como o Rabi Shimon Iochai chegou àquela profecia?

A Fonte do "Zohar"

Voltemos ao assunto da vivência espiritual da saída do corpo. O que acontece quando alguém sai do seu corpo? O que ou quem sai do corpo?

Para nós, quem sai do corpo é considerado uma pessoa morta, que já morreu. Um corpo que não tem ninguém dentro é considerado morto.

Rabi Shimon Iochai, como todos os outros profetas e pessoas santas, conseguiu transcender as limitações do mundo físico e a limitação – mais forte que a própria morte – de nossa vida temporária.

Ele conseguiu transcender as barreiras do corpo, saindo do mundo físico, estabelecendo uma conexão interna, íntima, com entidades cósmicas, eternas, que fazem parte da fonte de sabedoria cósmica divina e eterna. E através dessa fonte e das entidades espirituais, conseguiu receber a sabedoria divina da Kabbalah, e colocá-la no livro "Zohar".

Assim, hoje, o "Zohar" é considerado a obra mais completa sobre a Kabbalah. Mas não é o único livro, como dissemos, porque o primeiro livro conhecido, por enquanto, em nossa história e ciclo de evolução, é o "Sêfer Ietsirá", o Livro da Formação, escrito por Abraão, o Patriarca.

A verdadeira Chave

O "Zohar", na verdade, contém a chave que descodifica o "Sêfer Ietsirá", O Livro da Formação, escrito mil e oitocentos anos antes.

Escrito em aramaico, o "Zohar", por quase dois mil anos permaneceu totalmente oculto, sendo que poucas pessoas puderam ter acesso a ele. Um número ainda menor conseguiu lê-lo, e foram pouquíssimos os que chegaram a entender seu texto.

Por quê?

O problema não é a chave, nem o código. A dificuldade se encontra sempre em nossa maneira de pensar.

A Kabbalah explica que existem duas dimensões da consciência humana. Uma dimensão é a consciência robótica, do cotidiano, da rotina da vida, das coisas que se repetem sem mudança. A outra dimensão é a consciência espiritual, divina, criativa. A maioria das pessoas infelizmente, ainda vive na consciência robótica.

Podemos ler o livro inteiro, podermos até decorá-lo, mas isso não vai ajudar ninguém. A chave não é um livro ou uma palavra; ela está dentro de nós.

A verdadeira chave é a nossa vontade, o nosso desejo, nossa consciência e nossa percepção da necessidade de uma mudança interna.

Nossa Própria Consciência Divina

Os ensinamentos atuais e mais modernos da Kabbalah dão continuidade ao trabalho de uma longa linguagem dos sábios da Kabbalah – que vem se mantendo há cerca de três mil e oitocentos anos. E ao mesmo tempo, tentam aplicar e praticar a consciência da Kabbalah.

Ao invés de ler o livro inteiro e não fazer quase nada com a informação recebida, é melhor ler uma página e fazer uma mudança interna profunda em nossa vida. Uma mudança positiva.

Quando Abraão, o Patriarca, e o rabi Shimon Bar Iochai por sua vez, transcenderam o mundo físico, atingiram o nível da consciência eterna. Assim, sua voz falava e suas palavras eram transmitidas em nome do divino.

Até hoje, talvez, a palavra que mais criou confusão na mente humana foi: Deus. Mas, como é possível? Se Ele criou o mundo, se é nosso pai, nosso guia, nossa Luz, Deus devia ser a palavra, a entidade mais entendida, e não a menos compreendida.

A Kabbalah esclarece que a palavra "Deus" também é um código. Quem é Deus? É a consciência cósmica e divina de toda a humanidade. Esse termo representa a unicidade de toda a consciência humana que aparece para os nossos cinco sentidos como algo fragmentado e separado. Deus não é uma entidade divina que mora lá no céu, entre as nuvens.

Assim, ao invés do sábio da Kabbalah dizer consciência coletiva humana, divina, cósmica, espiritual, iluminada, etc., utiliza um código: 'Deus'.

Deus representa a harmonia, a consciência messiânica e iluminada do ser humano. É a luz da consciência espiritual, que ilumina a nossa vida, criando uma única consciência. Esta é a base do monoteísmo.

A palavra empregada pode ser um pouco diferente: Alá, em árabe; God, em inglês; Elohim, em hebraico. Mas, a consciência humana e a essência de nossa consciência coletiva não mudam. O que muda, ou o que pode mudar é a percepção pessoal e particular de nossa consciência.

Quando alguém se abre e se conecta com a consciência divina coletiva em vez de viver na escuridão, ocorre uma mudança no comportamento dessa pessoa. Mas a consciência coletiva divina permanece sempre a mesma.

Vivendo a Kabbalah no Dia a Dia

A Kabbalah não é um livro ou uma filosofia que consta de símbolos, de conceitos e de ideias. Sim, isso também faz parte dela, mas a Kabbalah verdadeira é a capacidade humana de viver a praticar sua própria consciência divina no dia-a-dia.

Uma pessoa espiritual não é uma pessoa que lê muitos livros, tem muita informação ou conhece muitas filosofias. Uma pessoa espiritual, que também pode ser considerada uma pessoa sábia, é aquele que sabe como praticar o que conhece.

Assim, ignorância não é falta de sabedoria. Ignorância é a falta de saber como aplicar na prática a sabedoria adquirida. Basta olhar e ver quanto conhecimento, quanta sabedoria existe no mundo! Não falta sabedoria no mundo de hoje.

O que a Kabbalah pode nos oferecer? O que esse livro vai me dar que eu não posso adquirir na Internet, em um website, no computador, na biblioteca ou em outro livro? Talvez nada.

Se a pessoa não desperta por sua própria conta, para praticar no dia-a-dia os princípios da Kabbalah, este livro e todos os livros no mundo não irão mudar o rumo de sua vida. E chegará ao término da sua vida permanecendo a mesma pessoa, com a mesma consciência robótica com a qual tinha nascido. Essa não é a finalidade verdadeira da Kabbalah.

O principal objetivo é utilizar os ensinamentos da Kabbalah e as ferramentas espirituais que ela oferece para reeducar nossa consciência e redefinir palavras e conceitos conhecidos, como Deus, religião, ciência, amor, paciência. Conceitos bonitos e até nobres, mas sem essência e sem sentido. A humanidade perdeu o valor espiritual deles.

Por exemplo, podemos começar a redefinir a palavra vida, colocando nela a essência da vida, e a redefinir a palavra amor, preenchendo-a com a energia do amor.

A palavra democracia define uma boa ideia, mas democracia sem a essência não é nada. Da mesma maneira que a palavra Deus, sem a essência verdadeira e autêntica de Deus, não é nada. E pior ainda, se torna uma força destrutiva, manipulada e mal empregada pela mente humana.

O despertar espiritual e o processo de autolembrança do que esquecemos é um processo crítico para a autorrecuperação.

Assim, pode-se recuperar e retomar nosso passado, não apenas para melhorar o futuro, mas para garantir que ele continue dentro do caminho que faz parte da profecia do "Zohar".

Nada de Misticismo

O Despertar de Uma Nova Consciência

A humanidade esta abrindo um novo capítulo da sua História. Esse capítulo não faz parte do passado e dos eventos que se repetiam. Os acontecimentos da História passada foram decretos decorrentes de consequências inevitáveis dos atos cometidos pela humanidade, enquanto o novo capítulo será escrito por atos do presente que abrirão um novo futuro. Através da consciência iluminada da Era de Aquário e do conhecimento da Kabbalah, cada um de nós pode escrever seu próximo capítulo individualmente sem precisar sofrer os decretos passados.

O Zohar serve como um guia para realizar esta finalidade. Todas as profecias reveladas antes do Zohar, dos profetas mais conhecidos como Isaías, Jeremias, etc., descrevem apenas as consequências do passado. Enquanto a profecia do Zohar descreve uma geração com uma nova consciência, que buscará a Sabedoria da Verdade para sair das automentiras do passado que determinaram seu destino sofrido.

Nos dias de hoje, todos nós estamos testemunhando um fenômeno especial. De repente, a Kabbalah, que estava escondida por milhares de anos, apareceu; e num período relativamente curto se tornou muito popular e desvelada a todos.

Por quê?

Por que hoje?

É bom lembrar que além de trazer ao mundo o conhecimento do Zohar, Bar Iochai também passou por uma árdua e amarga vivência espiritual e humana, ao tentar, como todos os sábios daquela época, abrir a consciência da Kabbalah ao público.

Rabi Shimon Iochai, ao testemunhar a enorme crueldade que seu mestre, Rabino Aquiva, havia sido sofrido, decidiu fugir do lugar e da coletividade onde pessoas eram executadas simplesmente porque falavam a verdade e tentavam apresentar ao mundo o conhecimento da Kabbalah.

Mas o que causou uma reação tão violenta e agressiva contra eles?

A resposta para essa pergunta pode ser entendida através do processo da evolução do ser humano realizada pela reencarnação. A alma faz parte do divino, mas o corpo vem do mundano. Através da reencarnação a alma consegue aos poucos, de vida em vida, refinar as forças agressivas e selvagens do corpo. Isso explica porque no passado, em geral, o ser humano era mais cruel e menos sensível ao outro. A esse ponto podemos acrescentar o fato que ele era também menos educado e por isso mais fácil de manipular.

Hoje não é assim mais. Depois de muitas reencarnações a alma está conseguindo guiar a consciência humana com menos resistência. O ser humano esta sendo mais tolerante e levando em consideração as opiniões e necessidades do outro.

É um resultado do trabalho da alma, que o vem realizando por milhares de anos com muita paciência, carinho e amor.

No final, apesar de toda a força da rocha mais resistente, as ondas do mar conseguirão fazê-la cair.

O Momento Certo

A Kabbalah explica que a cada época, a cada quinhentos ou mil anos, o mundo passa por uma mudança radical.

Atualmente isso vem acontecendo de forma tão sutil que não percebemos. Só depois, em retrospectiva, temos condições de observar e, assim, analisar o que aconteceu. Acordamos tarde demais: aquilo que só agora conseguimos perceber já aconteceu, já passou. Contudo, hoje estamos tentando despertar a tempo de não perder o barco e conseguir assim perceber o que está acontecendo neste momento.

Como foi dito anteriormente, Bar Iochai, ao constatar a influência negativa que a Kabbalah provocava em sua época, preferiu esconder-se em uma caverna porque não era ainda o momento certo para o mundo receber a Kabbalah.

Contudo foi ali, naquela caverna, que Shimon Bar Iochai conseguiu passar por uma experiência espiritual, onde saiu do corpo, do mundo físico, da influência do mundo da matéria e também da tendência negativa da autodestruição e autoaniquilamento do ser humano.

Mas será que a Kabbalah – além de ser um assunto sobre o qual podemos adquirir conhecimento – pode também ser capaz de oferecer à humanidade uma mudança interna, uma modificação do nosso destino, do nosso futuro, para não repetirmos os mesmos erros do passado?

Cada geração que nasce diz: *Chega de guerra, queremos a paz!* E ao final, a mesma geração que jurou jamais entrar em um conflito armado, acaba entrando numa guerra. Assim, muitas pessoas perdem a vida e a história continua se repetindo. Um cruel ciclo vicioso de nossa História física.

Entretanto, a Kabbalah e os seus sábios – que sempre acompanharam a evolução da História – tentaram oferecer um desvio, uma mudança, para que os mesmos erros não se repetissem.

E hoje a Nova Era, a Era de Aquário, é o momento certo para que esta mudança venha a acontecer.

A Verdadeira Mudança

Mas a Kabbalah diz que a mudança tem que ser feita pelo próprio ser humano. Sim, por nós mesmos! Temos que abandonar nosso hábito de esperar que surja alguém – o Messias, o Redentor – para nos salvar e redimir.

A humanidade, em vão, vem nutrindo, ao longo do tempo, a esperança da chegada deste Salvador, mas isso não aconteceu e não vai acontecer.

Contudo, a Kabbalah nos oferece a possibilidade de não ficar esperando inutilmente por alguém que nos salve. Ela nos mostra como despertar e realizar cada um de nós pessoalmente esta mudança.

Sem Misticismo

A Kabbalah não é misticismo, pelo contrário. A intenção da Kabbalah é desmistificar os mistérios da vida, da Criação e, especialmente o nosso mistério, o do ser humano.

Pois, uma vez que o ser humano consiga desmistificar o enigma de sua própria existência – que é o maior mistério – os segredos da Criação, da vida e do Universo deixarão de existir.

Todas as respostas e explicações para todos os mistérios e segredos que o ser humano está procurando descobrir já existem dentro de nós. Sim, dentro de nós mesmos!

E a Kabbalah pode ser utilizada como uma chave para abrir os portais do conhecimento interno de cada pessoa. Com certeza, isso irá oferecer uma oportunidade de mudar nosso conceito e nossa visão sobre a Criação. Sem misticismo!

Religião e Ciência

Até hoje, de modo geral, podemos dizer que existem duas visões, sobre a Criação: a da religião e a da ciência.

A religião, através da Bíblia, nos conta em Gênesis, que Deus criou os céus, a terra e o mundo e assim começou a Criação. E que Deus criou e terminou toda a Criação em seis dias.

Por outro lado, a ciência diz que isso é totalmente inaceitável segundo as provas físicas que se encontram nas escavações e nos descobrimentos dos diversos esqueletos. Provocar um conflito entre religião e ciência não é a intenção da Kabbalah, pelo contrário. Mas com certeza, ele existe.

Há pessoas, muitos sábias, inclusive, que tentam reconciliar a Bíblia com a ciência, mas sem apresentar uma visão ou explicação satisfatória, que integre as duas. E, desta forma, sempre permanece uma lacuna, um distanciamento entre estas duas abordagens.

Será que a Kabbalah é capaz de unir os dois mundos, e finalmente libertar o ser humano do conflito e da polêmica entre a religião e a ciência?

Na verdade, a ciência se baseia em fatos, escavações, astronomia, pesquisas, biologia, medicina. Valoriza o intelecto, o raciocínio.

Nossa vida hoje é voltada para a realidade científica, prática, palpável. E a religião fala sobre algo que é bem difícil de aceitar concretamente e fisicamente.

Será que Deus criou o mundo do nada?

A própria palavra Deus, o conceito de Deus é nossa primeira barreira, difícil de entender verdadeiramente.

Em primeiro lugar, somos seres humanos, e Deus é Deus. A visão da religião é que nós somos imperfeitos, enquanto Ele é perfeito. Nós somos mortais, Ele é imortal. Surge, assim, o bloqueio de comunicação entre o ser humano e Deus.

Nossa intenção não é convencer ninguém da existência ou da não existência de Deus. Esse não é nosso intuito. Nossa proposta aqui é dizer: se Deus existe temos que simplesmente entendê-Lo.

Além e não sem

Como já foi explicado, a Kabbalah considera todas as Escrituras Sagradas, como por exemplo, as escrituras das Vedas, o Antigo Testamento, o Novo Testamento, o Corão e outros, como livros de códigos cósmicos. E, sem a chave certa, ninguém é capaz de entendê-los.

Mais perigoso ainda é tentar interpretar um desses livros, ou fazer um comentário, sem a chave do seu código. Porque isto ocasionará, certamente, uma total distorção da realidade.

Contudo, esta distorção aconteceu em nossas religiões. Novamente, sem diferenciar nenhuma religião em particular, porque a Kabbalah é a essência de todas as religiões e está além delas.

É importante esclarecer o que significa a expressão além da religião. Quando se diz além da religião não quer dizer sem religião. Às vezes encontramos livros com títulos como "Além da Ciência", "Além da Natureza", "Além da Religião", e poderíamos interpretar além como sendo sem. Além não é sem!

Além significa algo a mais, uma etapa mais elevada com uma valorização mais evoluída e completa. A religião existe, mas a Kabbalah fala além das religiões, além da separação e além da distorção criada pelas más interpretações dos livros religiosos e sagrados.

Isso não quer dizer que tudo que foi feito em nome das religiões foi errado. Mas existe um erro fundamental nas religiões e que hoje está se tornando evidente. E este engano foi causado não pela Kabbalah, mas devido à falta da Kabbalah; isso causou a perda do valor espiritual que está na essência das religiões.

Espiritual e Ritual

Observe como a palavra Ritual está contida dentro da palavra Espiritual: ESPIRITUAL.

Além da religião não significa sem a religião. Uma pessoa espiritualizada não é uma pessoa que despreza o ritual. Pelo contrário, ela vai apreciar e valorizar o ritual como uma parte do espiritual, mas não como o foco, ou a coisa mais importante. Porque o espiritual é o completo enquanto o ritual apenas faz uma parte dele. O ritual é o meio, enquanto o espiritual é o objetivo.

Infelizmente, aconteceu que quase todas as religiões colocaram o foco sobre o ritual, esquecendo, de certa forma, o espiritual. É uma confusão que pode ser vista em todas as áreas de conhecimento. Porque infelizmente é uma falha humana, ou até uma tendência robótica dele, de confundir-se e trocar o meio pelo objetivo.

Mas hoje, em nossa era, o ser humano está acordando e sentindo cada vez mais a carência espiritual. Isso está acontecendo, segundo a 'ordem divina' e é guiado pela alma.

Talvez dez anos atrás, essa ordem estivesse escondida de nossos olhos, de nossa percepção, mas hoje, cada vez mais, está se tornando evidente.

Pode se perceber claramente, que o acréscimo do conhecimento e da compreensão espiritual está sendo adicionado em todas as áreas, seja na psicologia, na medicina, na terapia, na engenharia, etc. Porque no final, todas as áreas fazem parte de uma tentativa geral e básica de cuidar das necessidades humanas. E no presente a necessidade mais crítica é a da espiritualidade.

Então qualquer área profissional que seja, se não acrescentarmos o lado espiritual, está condenada a desaparecer.

Big Bang e Idade Média

Em todas as explicações oferecidas sobre a Criação, sejam as das religiões ou as da ciência – sempre permanece uma sensação que algo está faltando. O que a Kabbalah pode acrescentar? Será que a Kabbalah é capaz de oferecer algo que vai esclarecer 'o todo' e abrir a visão e a mente humana para enxergar toda a realidade e não somente partes fragmentadas dela?

A ciência oferece uma teoria que é ligada ao Big Bang, ou seja, a explicação de que há bilhões de anos houve uma explosão imensa que causou o nascimento do Universo. E esse Universo começou a se expandir até chegar à nossa casa, a Terra, e também ao ser humano, que faz parte desse Universo maravilhoso.

Mas mesmo assim, sempre temos nossas dúvidas: Será que estamos aqui sozinhos? Será que só o ser humano foi criado? Será que existe um vizinho, um ET, um ser mais inteligente, ou menos inteligente, que talvez esteja participando desse jogo da vida do Universo? E qual é a razão, ou a lógica de estar aqui? Porque só nós? E, se Deus criou o mundo, por que Ele, que é perfeito, criou um mundo tão imperfeito?

E segundo o ponto de vista da religião, foi Deus que criou o Universo, conforme está explicado no livro de Gênesis – capítulos um e dois.

Apesar da criação aparentemente perfeita que aparece no Gênesis, muitos de nós pensamos: Se eu fosse Deus, eu não criaria este mundo desse jeito, com tanto ódio, guerras e injustiças. Eu criaria um mundo mais agradável, com um clima talvez mais equilibrado, sem catástrofes. Todos nós gostaríamos de viver em um mundo melhor. Mais calmo, sem horário de trabalho, sem imposição, tensão, pressão. Tudo mais gostoso e livre, talvez até mais natural. Então, se, segundo a religião, Deus criou o mundo, por que Ele criou o mundo assim? Embora ao longo da história o ser humano sempre tenha feito esse questionamento, nunca estas dúvidas foram apresentadas tão abertamente como hoje.

Durante a Idade Média, surgiu no ser humano, por razões conhecidas, o medo e até o temor de Deus. Não, não posso perguntar, não posso questionar. Questionar significa heresia; você será herege, você será banido, condenado pela igreja, pela religião, pelo Judaísmo! Então, as pessoas passaram a ter medo de questionar a origem do ser humano na Terra.

A Ciência da Era de Aquário

Agora estamos na Era de Aquário, na Nova Era, onde, sim, o questionamento é válido e legítimo. Até o direito do ser humano de saber é um direito nato.

No fundo de nosso coração e de nossa mente existe a dúvida: Qual é o significado da vida? Qual seria a finalidade, o propósito, de viver? Por que e para que estamos aqui, ou

São perguntas que motivam o ser humano a procurar respostas sobre si mesmo e sobre o mundo.

Como já dissemos, esse é o maior mistério de todos.

Estamos hoje pesquisando o planeta Marte. Para que o ser humano está investindo milhões de dólares, tempo, tecnologia, conhecimento? Até vidas estão sendo sacrificadas, muitas vidas; para que? Para desmistificar o segredo da vida. Mas será que o segredo da vida está tão longe?

A Kabbalah afirma que a resposta do mistério da vida está tão perto como nosso nariz. E explica que, embora o nariz esteja tão próximo de nossos olhos, é muito difícil enxergá-lo. Só com um espelho, obviamente, podemos ver nosso próprio nariz!

A verdade é que a Kabbalah não ensina nada de novo. Ela apenas nos ajuda a descobrir, desvelar o que sabíamos e havíamos esquecido.

A Kabbalah já existe dentro de todos nós. O conhecimento da Kabbalah já existe em toda a humanidade. Cada pessoa tem o seu tempo, a hora de despertar. Nesse sentido, talvez a única coisa que possa nos diferenciar seja o momento do despertar de cada um.

Assim como alguém despertou antes e nos ajudou a despertar, nós também estamos ajudando mais alguém a acordar. E assim por diante. Ou seja, pessoas vão sendo acordadas por quem já acordou.

Podemos sentir como a humanidade inteira é uma unidade íntegra, movimentando-se, e todos temos a responsabilidade comum e mútua de caminhar para um objetivo no futuro.

Nossas dúvidas sobre o futuro existem, certamente. E será que a Kabbalah está querendo nos ajudar a prever ou adivinhar o futuro?

Na verdade a Kabbalah quer somente nos fazer abrir os olhos para ver. Para ver o futuro. Não para adivinhar, porque a Kabbalah não encoraja especulações. Pelo contrário, a Kabbalah pode ser considerada de certa forma uma ciência. É uma ciência que combina o mundo físico com o mundo espiritual e divino; nesse sentido, é a ciência mais completa que existe.

O Significado da Vida

Estamos prontos para enfrentar a pergunta: Qual é o significado de nossa vida? Com certeza esta é uma indagação que todos fazemos, ainda que inconscientemente.

A Prática

Temos que pensar por um momento na resposta que daríamos a esta pergunta.

É evidente que não acordamos toda manhã e pensamos: Qual é o significado da minha vida hoje? Por que e para que estou vivendo hoje? Nem todo mundo faz isso todo dia, mas, de vez em quando, a dúvida surge e muitas vezes até mesmo chega a nos atormentar.

Essas dúvidas surgem principalmente naqueles momentos difíceis de crise: Por quê? Para que tudo isso? Será que existe um sentido para o sofrimento da vida, da morte?

Mas nem sempre encontramos a resposta certa. Qual é a tendência? Esquecer, e entrar de novo na consciência robótica, mecânica, da rotina da vida.

Contudo, estudamos a Kabbalah não para fugirmos de nós mesmos, não para tentarmos escapar da dúvida, que ás vezes não é fácil enfrentar. Mas qual seria a opção? Ignorar e viver sem saber a resposta? É penoso viver sem respostas, sem saber o sentido da vida.

Podem-se encontrar diversas respostas para essa dúvida. Por exemplo:

Lembrar-se, aprender e retornar ao Pai.

Amar e ser amado.

Dar-se.

Ser feliz.

Autodescobrimento e perfeição.

Sabedoria e compreensão.

Merecimento, evolução, crescimento.

Resgatar a energia cósmica e a harmonia.

Expressar o Divino.

Falar e ouvir; compartilhar um único olhar.

Buscar e encontrar as respostas.

Servir.

Qual seria a resposta certa? Na verdade não existe uma resposta inválida, porque a vida é algo muito pessoal, e cada pessoa tem sua opinião, sua expressão, suas metas, seu objetivo de vida – tudo isso é bastante pessoal.

Mas será que existe uma única resposta que inclui todas as respostas?

O DNA da Criação

Para encontrar a resposta, temos que aprender um conceito elementar que a Kabbalah oferece: o princípio da semente.

A Kabbalah é a Semente da Criação. O que significa a semente? Semente significa tudo. A semente significa algo completo, perfeito, que contém tudo. Nada aparece na árvore que não exista na semente. Nada pode surgir sem que haja uma semente, é impossível.

Qual a diferença entre a semente e a árvore? Ou os galhos da árvore? A árvore – seja o tronco, os galhos, ou qualquer parte dela – está inteiramente contida em sua semente. A árvore inteira em uma semente!

Da mesma forma, o DNA – o código genético da semente do ser humano – define o homem. Nosso DNA contém toda a informação sobre nós.

E a Kabbalah – Semente da Criação – contém toda a informação e todo o conhecimento sobre a vida.

Para entrar na Kabbalah, temos que sair da visão fragmentada do mundo, onde a psicologia é separada da medicina, a medicina é separada da astrologia, a astrologia é separada de outro assunto. Porque esta é uma visão fragmentada, como se estivéssemos olhando apenas para os galhos da árvore.

A Kabbalah mostra o caminho para entrar na semente, onde se encontram todas as respostas e, sobretudo, a resposta que irá conter todas as outras respostas.

Ou seja, é bem simples: basta perguntarmos qual seria a resposta que contém todas as respostas e não qual é a resposta certa. Porque o que buscamos é a semente que irá conter todas as respostas.

Falando a Mesma Língua

Qual é o sentido da vida? Normalmente, nossa tendência é dar uma resposta através de nosso raciocínio lógico, com nosso intelecto.

De tal forma que, quando faço esta pergunta, geralmente as pessoas dizem:

O sentido da vida é aprender.

É crescer.

É amar.

Aliás, o que significa amar? Cada pessoa irá definir e expressar seu amor de um jeito. E, assim, vamos continuar a confusão que existe no mundo, e essa não é nossa intenção.

Nossa intenção hoje é começar a falar a mesma língua. Não o português, não o inglês, mas utilizando conceitos que tenham o mesmo significado para todos nós. Senão, a Kabbalah não vai chegar a ninguém. Os códigos vão ficar nos livros, e o público vai continuar ignorando seus significados.

Depois de milhares de anos de uso, mau uso e abuso dos conceitos, hoje quase ninguém sabe o que significa paz, o que significa amor, ou o que significa justiça.

Cada pessoa já possui ou está tentando criar sua própria visão e opinião sobre os novos conceitos. Até o sentido da palavra ética é mal definido nos dias de hoje.

Para não continuarmos com essa confusão e começarmos a estabelecer uma linguagem comum, temos que resgatar a essência original de todos os conceitos e redefini-los. A única maneira é voltar ao começo e entrar na semente.

Como saber se entramos na semente? Saberemos se encontrarmos uma resposta completa que não tenha exceções! Porque a semente é completa, ao contrário do galho, que representa só uma parte do todo.

Redefinindo Conceitos

O significado intelectual de qualquer conceito, sem a vivência, não significa nada. Por quê? Porque perde a essência.

Por exemplo, a palavra Deus sem uma vivência espiritual também não vai significar nada, porque perde a essência, o verdadeiro significado.

E a palavra amor? Pode-se escrever um livro de mil páginas explicando racionalmente o que significa amor. Alguém entenderia o que realmente significa amar, sem sentir e vivenciar o próprio amor?

Um vazio está surgindo em nossa vida hoje, o vazio dos conceitos, o vazio através até de nossa linguagem, de nossas palavras, de nossa ética, de nossa moralidade.

E a Kabbalah está querendo resgatar a essência dos conceitos através da vivência. Porque a vida não é um livro, não é algo intelectual, é vivência.

É assim que a Kabbalah define o propósito de viver - vivenciar o prazer! A vida deveria ser uma vivência espiritual, nos dando uma plena sensação física, emocional e espiritual do prazer. A conexão com a semente traz a completa satisfação, que é o segredo da plenitude.

Podemos dizer: Eu quero lembrar, eu quero aprender. Mas para quê? É muito bom aprender, lembrar, mas para quê?

Ou então, pensar: Eu quero retornar ao Pai. Mas por quê? Também pode surgir em nossa mente Eu quero amar. Para quê?

Vamos pensar em felicidade. Ser feliz implica em ter algo que nos torna felizes, que nos traga prazer ou felicidade, uma emoção boa, uma sensação boa, e que possa ser medida na vida emocional.

E se pensarmos em autodescobrimento, em querer descobrir quem somos? Será que vale a pena?

Mas, se buscarmos perfeição? Eu vou acabar encontrando algo imperfeito e vou tentar me aperfeiçoar a vida toda. Será que isso vai me dar satisfação, prazer? Não sei.

Então, a finalidade da vida tem que ser algo que traga para nós o prazer, senão tudo se tornará pesado demais, difícil, repleto de problemas, dificuldades, incertezas, dúvidas, escuridão.

Para não entrar na confusão da vida, a Kabbalah está tentando nos ajudar a lembrar o verdadeiro significado de viver.

Estamos aqui, para encontrar, ou reencontrar, o sentido verdadeiro da vida. Todos nós queremos uma única coisa, que contém todos nossos desejos, sonhos, aspirações: é o prazer. O prazer é a semente que encerra em seu interior tudo que buscamos. A tal ponto que até o masoquista quer prazer, à sua maneira.

Se nos perguntam: Você aceita chá ou café? Qual dos dois escolhemos? O que nos traz mais prazer. Se gostar mais de chá, vai dizer chá. Se preferir café, é o que vai pedir.

Ou seja, toda escolha, toda decisão em nossa vida se baseia em algo simples, mas muito profundo: o prazer, o sentir-se bem.

A força motivadora da humanidade é sempre a busca do prazer, seja através do sexo, drogas, comida, bebida, dinheiro, diversão, ou lazer.

Bem enraizado em nossa essência está o prazer.

Essa seria a primeira lição da Kabbalah; encontrar a resposta que contém dentro de si todas as respostas. Se não for assim, se a resposta não contiver todas as respostas, então não vem da semente. Todo ser vivente, sem exceções, está na busca do prazer. O meio pode ser diferente, mas a finalidade é a mesma em todos os casos!

A Busca pelo Prazer

A Kabbalah nos faz pensar de maneira holística. É uma forma bem diferente da fragmentação com a qual estamos acostumados. Assim, abordaremos agora a questão do prazer segundo a ótica da Kabbalah.

O que nos dá prazer?

Vamos escolher qualquer coisa, por exemplo, harmonia, e analisar se nos dá ou não prazer. Será que harmonia traz prazer? Se harmonia nos trouxer sofrimento, é claro que não vamos desejá-la. Pessoas que se sentem mal em meio à harmonia criam guerras, disputas, desavenças.

Qualquer coisa, tudo, pode ser prazeroso. Até mesmo manipular os outros. Ou seja, tanto o bem como o mal podem trazer prazer.

Podemos utilizar nosso julgamento e dizer: Isso é bom, aquilo é mau. Mas no final das contas, o que irá nos motivar é o prazer.

Mas, vamos analisar a vivência do prazer, o que ele nos traz.

Se assistirmos a um bom filme, o tempo passa e nem sentimos. Uma hora, uma hora e meia, duas horas, e saímos do cinema dizendo: Que filme bom, maravilhAcontece que, além de nos dar prazer, o filme também nos proporcionou uma experiência atemporal. O tempo passou além do tempo normal, mais rápido. É uma vivência e sensação real do atemporal. Porque o prazer nos faz esquecer o tempo.

Duas pessoas trabalham no mesmo escritório. Depois de oito horas de trabalho, uma diz: Que dia maravilhoso! Passou como cinco minutos. Já a outra reclama: Ah, não foi assim para mim. Hoje, para mim, foi um inferno! O tempo não passou! A cada cinco minutos eu olhava para o relógio como se tivesse passado uma hora.

Então, o paraíso e o inferno podem coexistir no mesmo escritório, no mesmo local. Duas pessoas, nas mesmas oito horas, passam por duas vivências diferentes. Porque inferno e paraíso também são relativos.

Uma Sabedoria Atemporal

Constatamos, então, que o prazer nos traz uma vivência atemporal. E este conceito de atemporalidade é muito importante, porque a Kabbalah também pode ser definida como uma sabedoria divina atemporal.

Quem não passou por uma experiência atemporal? Quem nunca entrou em um cinema e sentiu a experiência que eu descrevi? Todos passaram por isso, seja assistindo a um filme, divertindo-se no final de semana, ou lendo um bom livro. De alguma maneira cada um de nós já passou por alguma vivência prazerosa e atemporal. É o que todos querem, é o que buscam o tempo todo. E o ser humano pode ir aos extremos para sentir o atemporal e fugir da pressão do tempo e até chegar a usar drogas ou álcool para vivenciar prazer.

Uma das forças que atraem usuários de drogas é a vivência do prazer e do atemporal, saindo da tensão, do tempo, dos compromissos, das responsabilidades. Mas isto, segundo a Kabbalah, não é bom.

Por que não é bom? Porque é algo temporário, imediato e instantâneo que pode causar perda de equilíbrio. Esta é mais uma consciência chave para nós: o equilíbrio.

Todos nós queremos viver uma vida equilibrada, mas equilíbrio é algo pessoal e também relativo, não coletivo.

Mas será que existe um equilíbrio ou uma consciência do equilíbrio que seja boa para todo mundo? A Kabbalah diz que sim. Conectar-se à semente traz equilíbrio a todo o mundo, mesmo que o caminho seja diferente e pessoal.

Por exemplo, se a gente começar a ler um livro e , a sensação do prazer aparece, despertando a curiosidade e a imaginação e preenchendo os sentidos com satisfação! Passam-se horas sem que a gente sinta. Mas, com certeza, a fonte do prazer não está no livro. E mais uma observação; quando o livro acaba, aparece a vontade de lê-lo de novo para continuar sentir o prazer. Mas, na segunda vez, nunca o prazer é tão intenso quanto da primeira vez. Seja ao apreciarmos uma maçã, uma fruta, um livro, um filme, não importa.

O prazer e a vivência do prazer sempre vão diminuindo. Por quê? Se na primeira vez com o livro eu recebi tanto prazer, por que na segunda vez a leitura não é tão prazerosa? Qual é a fonte do prazer?

O livro, e claro, a matéria em geral, não são a fonte do prazer. A fonte do prazer está além das páginas, além do assunto.

Um carro novo também nos traz prazer, uma sensação de satisfação, até de plenitude. Mas depois de três, cinco, seis meses, aquele prazer já não existe mais. Por este motivo vamos comprar, ou tentar comprar, a cada ano, um carro novo. Para quê? Para ter a sensação de prazer e satisfação. E assim, a indústria automobilística vai desempenhando seu papel.

Se formos pensar logicamente, um carro é só um carro. A função do carro não muda a cada ano que passa. O que muda? A cor, o plástico, mais botões e luzes, mais sofisticações que nos trazem uma vivência temporária do prazer.

Esse é o problema do mundo físico. O mundo físico tem início e tem fim. Todos querem receber o prazer da vida, mas, aqui, no mundo da matéria, o prazer é temporário, e não infinito.

Esse é o problema das drogas, e de qualquer vício, seja dinheiro, sexo, café, não importa. Todos trazem prazer! Porém é um prazer que logo depois desaparece, nos deixando com uma sensação de um vazio ainda maior. Essa é a raiz do vício.

A Kabbalah quer nos ajudar a achar a fonte verdadeira do prazer, que não é a matéria, não é a droga, não é o cigarro, não é o dinheiro. É algo além. E é bom lembrar que "além" não significa "sem". Significa algo a mais que transcende a barreira da matéria e oferece o acesso à essência. Nesse sentido a Kabbalah oferece uma maneira de melhorar a qualidade e prolongar a própria vivência do prazer.

O Vazio do Materialismo

Infelizmente, o ser humano em sua busca da fonte do prazer acaba caindo em uma armadilha para si mesmo.

Embora digam que dinheiro não é tudo, é evidente que tudo se faz neste mundo em nome do dinheiro. Porque esquecemos que o dinheiro em si não é a fonte do prazer. E aí está o vazio do nosso mundo e do materialismo.

O materialismo e as ambições materialistas nos trouxeram tecnologia, avanço, progresso, até mesmo conquistas físicas. Casas bonitas, carros bonitos. Mas, dentro de nós, o vazio cresce cada vez mais e a procura por satisfação e plenitude continua. Eis aí o paradoxo: quanto mais possuímos, parece que menos felizes nos sentimos.

Isso não que dizer que a Kabbalah queira que percamos nossas posses ou que sejamos pobres. Não se trata disso. A pobreza também não traz prazer. Muito pelo contrário, pobreza traz miséria.

A Fonte do Prazer

A Kabbalah chama de Luz a fonte infinita, atemporal do prazer. E é importante lembrar que o termo Luz é um código que se refere à fonte infinita e atemporal do prazer.

Sabemos que a matéria não é a fonte do prazer. Contudo, alguém poderá afirmar: Mas comida traz muito prazer pra mim.

Com certeza, porém a comida é o veículo, não é a fonte do prazer. Porque se comemos demais, o que vamos sentir? Dor de barriga, e não prazer na barriga. Então, comer muita comida não traz mais prazer. Há um limite. Sempre haverá um limite. Isso é o que acontece no mundo físico e temporário.

Ao comer, podemos sentir uma sensação temporária de satisfação e prazer. Com sexo, também. Com dinheiro, também. A satisfação é temporária.

Como pessoas adultas, podemos admitir e confessar que o mundo da matéria é maravilhoso, mas ele não é a fonte infinita do prazer.

E aqui entra a Kabbalah, nos falando sobre a fonte atemporal, espiritual, metafísica do prazer, denominada Luz.

A Luz não é algo abstrato. É a fonte do prazer, que chega até nós através da comida, através de um bom livro, através do sexo, através do dinheiro.

É a Kabbalah nos ensina como fazer a ligação direta com a fonte do prazer, a Luz.

A Semente da Criação

Ao entrar na semente, transcende-se o tempo, o espaço e o movimento. A visão da Kabbalah sobre a Criação é diferente daquela que o mundo veio a conhecer através da má interpretação dos textos bíblicos. Com a descrição da semente e do começo da Criação se aprendem novos conceitos.

A Prática

O primeiro conceito novo é a Luz como sendo a fonte infinita do prazer.

Mas, se a Luz é a fonte do prazer infinito, e existe uma vivência infinita do prazer, então por que e para que estamos aqui, vivendo uma vida onde o prazer é apenas temporário? O que aconteceu? O que causou a nossa presença aqui no mundo físico?

Cabalisticamente, a Criação começa em uma dimensão atemporal, que é chamada de Infinito.

O Infinito é uma dimensão energética, de inteligência pura, onde a Luz existe como a fonte infinita do prazer, e é bem diferente do mundo físico que conhecemos.

No Infinito encontramos dois conceitos. O primeiro é o da Luz como fonte de prazer infinito; o segundo conceito novo é o de Recipiente, designando quem recebe a Luz no Infinito.

Luz e Recipiente. Dois novos conceitos que fazem parte de tudo que existe no Infinito.

Já se sabe que, segundo Kabbalah, a Luz é a fonte do prazer infinito. Mas o que é o Recipiente?

O Recipiente foi criado pela Luz para receber todo o prazer infinito. Por este motivo o Recipiente foi criado pela Luz com o desejo de receber.

Ou seja, a Luz tem o desejo de compartilhar o prazer com o Recipiente. Por sua vez, o Recipiente possui o desejo de receber o prazer que a Luz quer compartilhar com ele.

Em outras palavras, no Infinito, a Luz compartilha e o Recipiente recebe o prazer infinito.

Tendo compreendido estes novos conceitos de Luz e Recipiente, podemos ir adiante e explicar que a Luz é o Criador, ao passo que o Recipiente – que foi criado pela Luz – é a Criatura.

É importante observar que a Criatura é o efeito; não é a causa, não é a força que causou a Criação.

No Infinito existe uma harmonia perfeita entre a Luz e o Recipiente, ou seja, entre o Criador e Criatura.

Em outras palavras, a Luz – o Criador – compartilha, dando incondicionalmente, de maneira infinita, todo o prazer infinito, ao Recipiente, ou seja, à Criatura.

Assim, a Criatura no Infinito – que não tem forma nem expressão física –

recebe toda a Luz, todo o prazer do Criador em total harmonia.

Então, no Infinito, podemos dizer que existem dois lados. De um lado a Luz compartilhando e do outro o Recipiente recebendo.

Contudo, dessa relação harmônica entre a Luz e o Recipiente, surgiu por parte do Recipiente o desejo de também compartilhar.

E de onde veio o desejo de compartilhar? O desejo de compartilhar veio da Luz, naturalmente.

Mas não estamos aqui falando de processos acontecendo no mundo físico que conhecemos. O que estamos descrevendo é um estado de consciência, porque o Infinito não está localizado no fim do Universo. Ele se encontra aqui; está mais perto de nós do que imaginamos. Como nosso próprio nariz, que está tão perto que não conseguimos enxergar.

O estado de consciência do Infinito está tão perto que ninguém o enxerga, porque perdemos a ligação com ele.

Ou seja, segundo a Kabbalah, o Infinito não está nem aqui nem ali, é só uma questão de estado de consciência.

Perdemos a conexão com o Infinito e acabamos entrando em outro mundo. É o mundo de caos, confusão, sofrimento e perda – o finito.

Mas, além de tudo isso, entramos também, em um estado de esquecimento, de amnésia. Intuitiva e inconscientemente, todo mundo quer voltar ao Infinito, mas não sabe qual o caminho.

Contudo, este retorno também está dentro de nós; é mais fácil do que imaginamos. Porém, precisamos de ajuda, para tratar a nossa amnésia, o nosso esquecimento, a fim de alcançarmos o processo de autolembrança.

Por isso a Kabbalah não ensina nada que seja novo. A Kabbalah apenas desperta a nossa consciência e chama a nossa atenção. Ela leva o que está no fundo do subconsciente para o consciente.

O fato de que todo mundo está querendo o prazer infinito é algo que a Kabbalah inventou? Não, isso é a vida, isso é um fato, isso é a natureza. A Kabbalah só retira o negativo, a confusão, para apresentar o que é claro, o que é simples, o que é verdadeiro.

E a verdade sempre é bem mais simples do que a mentira. A mentira é algo sofisticado, complexo, complicado. A verdade, não. Ela é mais simples do que qualquer mentira bem elaborada.

O Pão da Vergonha

Quando o desejo de compartilhar despertou no Recipiente, ele passou a querer compartilhar com a Luz o prazer, a plenitude, a satisfação, aquela sensação maravilhosa que estava recebendo.

Seria como se o Recipiente dissesse: Olha só, Luz, você é tão maravilhosa, eu quero retribuir, eu quero compartilhar com você a maravilhosa sensação do prazer que tenho!

Mas dentro da Luz não existe o desejo de receber. A Luz é a fonte infinita que compartilha o prazer, sem o desejo de receber.

E, a Luz respondeu ao Recipiente: Com todo o respeito, eu não tenho desejo de receber, então, não tem como me dar algo.

E o Recipiente sentindo-se meio inferior em relação à Luz: Olha só, Luz, eu estou recebendo todo o prazer, muito prazer, mas eu quero também compartilhar. Sem isso, eu vou me sentir inferior a você. Se você não receber de mim então Você se torna superior enquanto eu me sinto inferior. E se não somos iguais, então isso me impede de poder continuar a receber de Você o prazer.

Exatamente como a relação entre duas pessoas. Será que existe um casal, onde só um dá presentes e o outro só os recebe? Não, deve haver troca entre os dois.

É claro que todos nós gostamos de receber. Sempre que recebemos algo de presente, a primeira reação é gratidão: Ah, obrigado! Mas eu quero retribuir! Na próxima vez, no aniversário do outro, ou em algum momento e ocasião, vamos achar um jeito de retribuir de alguma forma.

Para que retribuir? Para criarmos um ciclo de energia entre nós. Apenas receber, sem poder retribuir vai nos fazer sentir mal. Mas se o outro não quer receber?

Olha só, se você não aceitar um presente em troca do que recebi de você, então, por favor, não me dê mais presentes. Porque não quero me sentir em dívida, inferior a você. É assim que reagimos quando não somos mais iguais! Isso dificulta a troca, seja de presentes, amizade ou outra coisa.

De onde vem essa reação? Do Infinito, que é a fonte de tudo. Por este motivo, quando o Recipiente sente o bloqueio, a impossibilidade de compartilhar com a Luz, ele se sente inferior, não quer ficar em dívida.

Em termos da psicologia, isso é chamado de "complexo de inferioridade". Ninguém quer sentir-se inferior ao outro, todo mundo quer se sentir igual, pelo menos. De onde vem isso? Do Infinito.

A Kabbalah denomina esta sensação de "Pão da Vergonha". É um código que os sábios da Kabbalah usam até hoje, para descrever esta situação, esta sensação de inferioridade.

O Pão da Vergonha é algo muito importante, porque foi o que levou o Recipiente, a Criatura, a não aceitar o prazer infinito e, assim, parar de recebê-lo.

Estamos aqui neste mundo, justamente por causa do Pão da Vergonha.

O Mundo Finito

O nosso mundo é um mundo finito. Por que o mundo finito surgiu?

Ele surgiu quando o Recipiente sentiu o Pão da Vergonha e bloqueou o prazer infinito que a Luz queria lhe dar.

Nesse momento da nossa história da criação, o Recipiente passou para outro estado de consciência. Passou do estado de consciência do Infinito para o do finito.

Uma mudança de estado de consciência não é certamente uma mudança de endereço ou de galáxia. O que é, então?

O estado de consciência é a nossa dimensão da realidade. Alguém pode acordar feliz de manhã, mesmo quando todos ao redor estão tristes. Dependendo do estado de consciência, pode-se sentir tristeza ou felicidade.

E o Recipiente saiu da influência do estado de consciência do Infinito e entrou em outro mundo, que é chamado de mundo finito - ou seja, num estado de consciência finita e limitada.

Esse ato de mudança de consciência do Recipiente, do Infinito para o mundo finito é chamada, na Kabbalah, de Restrição ou Contração (ambos os termos podem ser usados indiferentemente). Em hebraico, a expressão é Tsimtsum.

Toda palavra, todo conceito, tem importância aqui e precisa conter o mesmo significado, tanto para o mestre como para o aluno. Assim Contração, Restrição ou Tsimtsum refere-se ao bloqueio que o Recipiente fez quando rejeitou o prazer infinito, que a Luz queria lhe dar. Como se o Recipiente disses-se: Chega, não quero mais a Luz, vou me contrair!

Essa contração ou Tsimtsum, não aconteceu de uma só vez, ou imediata-mente. Foi um processo gradativo.

O Recipiente, enorme, infinito, que recebia a Luz infinita, começou a con-trair-se, ficando cada vez menor. Acompanhando esse processo, a Luz tam-bém foi ficando cada vez menor, correspondendo, assim, à dimensão cada vez menor do Recipiente.

 E, desta forma, começou o processo de uma criação que ao final gerou o mundo da matéria. O mundo material é representado pelo Homem, cujo cor-po é uma extensão do Recipiente.

Por este motivo, a natureza de nosso corpo é o desejo de receber. A matéria apresenta, portanto, a tendência de absorver e crescer.

Mas, por outro lado, existe também nossa essência, que pode ser chama-da de energia, de alma, etc., não importa a denominação que escolhermos. Possuímos também o desejo de compartilhar.

E este desejo de compartilhar vem da Luz. Assim, todo ser humano con-tém, dentro de si, esses dois lados, que são dois extremos e duas forças opostas que viviam em harmonia no Infinito, mas são separadas no Finito.

Vamos, então, lembrar que, de um lado, temos o Recipiente, com o desejo de receber, e do outro lado temos a Luz, com o desejo de compartilhar. E que o Recipiente passou pelo processo de restrição para criar um espaço, ou um mundo, onde não haja Luz, onde o Recipiente – e no final, o ser humano – seja capaz de transformar o desejo de receber em compartilhar, para que possa sentir-se em igualdade com a Luz.

Ou seja, no Infinito a Luz compartilhava incondicional e indefinidamente. O Recipiente quis compartilhar também. Mas não podia compartilhar. Seria como se o Recipiente dissesse: Então quero ser igual à Luz! Não quero me sen-tir inferior. Eu vou me restringir. Obrigado, Luz, fique com o seu prazer. Vou embora, eu vou criar o meu ambiente, o meu espaço, onde vou executar o meu desejo de compartilhar, porque no Infinito não sou capaz.

O Tikun

O nosso mundo é o mundo finito, que tem dois processos: Um é o processo da Contração e da materialização, onde o Recipiente, depois de ter saído do Infinito, vem se condensando e se cristalizando até chegar ao mundo físico. O outro é o processo do Tikun (Em hebraico, Tikun quer dizer correção), no qual o Recipiente começa a subir e retornar ao Infinito para receber de volta o prazer infinito.

Estamos no mundo finito para corrigir o estado de consciência de inferioridade do Pão da Vergonha, e transformar nosso desejo de receber em desejo de compartilhar; desta forma, nos sentiremos iguais à Luz novamente. Ao nos sentirmos iguais à Luz, deixar-nos-emos receber de volta o prazer infinito da Luz.

Apesar da Luz em si não ter mudado em relação à sensação relativa do Recipiente, a Contração deste causou uma diminuição da Luz. Esta diminuição da Luz dentro do Recipiente pode ser encarada como condensação de energia. Por isso a matéria é energia condensada. O mesmo acontece quando eu pego um copo de plástico e vou apertando, condensando, restringindo seu volume e ele vai se tornando mais denso e mais condensado.

Contudo, a matéria apareceu como uma fase intermediária. Falta energia na matéria. Falta a Luz, o prazer, dentro do Recipiente condensado.

No finito, temos muita matéria, mas não temos o prazer infinito, e aqui começa o processo do nosso Tikun, onde podemos transformar o desejo de receber em desejo de compartilhar.

O processo do Tikun é o 'mundo do retorno', da correção. O ser humano tem o desejo de voltar ao Infinito, que é a raiz de onde viemos e também a fonte do prazer infinito.

Resumindo a história da Criação segundo a Kabbalah, podemos perceber três fases principais: A primeira fase, no Infinito: a Luz dava prazer infinito e o Recipiente recebia.

A segunda fase começa com o surgimento da sensação do Pão da Vergonha no Recipiente, que se contraiu e fez o Tsimtsum, que por sua vez, provocou o surgimento do mundo finito e o da matéria.

Nessa fase há dois processos – O Tsimtsum que é a descida do Recipiente e o Tikun que é a subida ou a ascensão do Recipiente para retornar ao Infinito.

A terceira fase é o retorno ao Infinito para receber de volta o prazer infinito, mas sem Pão da Vergonha. O Recipiente sente igual à Luz. Essa fase é conhecida como o Fim do Tikun.

É bom lembrar que o que está descrito nessas fases é além do tempo e do espaço e movimento – são simplesmente estados diferentes de consciência.

Quem criou o mundo?

Da descrição do procedimento da Criação segundo a Kabbalah, pode-se deduzir e chegar às seguintes conclusões:

1. O único objetivo do Criador, que é a Luz Infinita, ao criar o Recipiente foi compartilhar com ele incondicionalmente o prazer infinito.

2. Existe uma lógica na Criação que segue uma ordem Divina e não aleatória.

3. Foi o Recipiente, a Criatura, que criou o mundo físico!

4. O fato de a Luz ter permitido ao Recipiente rejeitá-la e afastar-se dela, originou o princípio do livre-arbítrio.

5. O mundo físico serve para eliminar o Pão da Vergonha e retornar ao Infinito.

De onde vem o mal?

Ao longo de nossas vidas, frequentemente nos deparamos com situações, coisas, acontecimentos que não esperávamos encontrar.

Embora seja possível fazer certos planejamentos visando o futuro, sempre aparecem surpresas, muitas vezes bastante desagradáveis.

E aí nos perguntamos: Será que existe um pensamento, ou uma inteligência, que planeja tudo o que acontece em nossa vida? Será que Deus está criando um jogo para nós?

Todos nós temos o desejo de evitar infortúnios, como acidentes, doenças, crises emocionais, problemas familiares, a perda da vida de pessoas queridas. Ninguém gosta de sofrimento, ninguém gosta de sofrer.

E nossa dúvida é natural: Se a Luz é o Criador principal e absoluto, se a Luz eterna e infinita é só prazer infinito, então de onde surgiu o Mal, a maldade, acidentes, catástrofes, calamidades, crises? Quem é o responsável por isso?

As Origens da Inteligência

A Kabbalah mostra e descreve as etapas da Evolução da Consciência Humana. É necessário perceber que, além da evolução física do ser humano, existe uma evolução de sua inteligência. Mas aqui surge a pergunta – da onde vem essa Inteligência? Do mundo físico? Ou como a Kabbalah diz, as origens da inteligência humana vêm do divino e de dimensões metafísicas?

A ciência apresenta uma teoria que diz que o Universo tem cerca de 20 bilhões de anos, enquanto a Bíblia fala em seis dias de criação.

Segundo a teoria de Darwin, a evolução do ser humano começou a partir de um ser vivo não muito evoluído, e, aos poucos, depois de milhões de anos de evolução genética, chegou ao macaco. E, assim, o homem seria um chimpanzé evoluído e mais sofisticado.

O conflito entre a visão científica e a apresentada pela religião é obvio e parece que não há como reconciliar as duas.

Através da visão da Kabbalah é possível reconciliá-las e até juntar essas visões conflitantes. Porque o único conflito que existe é aquele dentro da mente humana. Entrar na consciência da semente dissolve todos os conflitos. Os conflitos aparecem somente nos galhos e não na semente.

Uma Nova Visão

Todos sabem que na Idade Média a visão aceita acerca da terra foi que ela era plana.

Hoje, a visão é outra. Nossos horizontes se abriram e sabemos que a Terra não é plana. Ou seja, a própria terra não mudou: nem era plana antes, nem agora deixou de sê-lo.

Quem mudou foi o ser humano, que tomou coragem e assumiu o desafio de enxergar a Terra sob outro ângulo.

As civilizações antigas sabiam que a Terra não era plana, mas na Idade Média este conhecimento foi totalmente ignorado e rejeitado. Foi a fé cega o principal obstáculo que limitou a visão e não deixou o ser humano enxergar o que é tão óbvio.

Contudo, a ignorância e escuridão da Idade média ainda se refletem atualmente em nosso modo de pensar, em nossas crenças, em nossa ética e principalmente em nossos preconceitos.

Certa Confusão no Ar

Felizmente, hoje, na Nova Era, que também é conhecida como a Era Messiânica, existe uma abertura maravilhosa, e estamos reavaliando valores, crenças, livros, ideias e opiniões.

Mas, por outro lado, ao invés de chegarmos a mais esclarecimento, estamos sentindo certa confusão no ar.

Informação demais está criando uma distância entre o leigo e a fonte quase infinita de informação acessível.

Basta querer pesquisar um assunto qualquer acessando um site na Internet, e já começa a confusão. Tantos endereços, links, tantas coisas aparecem nos sites, que nem sempre a informação nos ajuda a esclarecer o assunto. Às vezes, até cria mais confusão.

O excesso de informação disponível na internet e no mundo pode criar mais confusão do que esclarecimento. O mesmo acontece na medicina, informática, psicologia, não importa. Isso está criando um grande peso para todos nós.

Inteligência e Ignorância

Como definir nos dias de hoje o que significa ignorância e inteligência, que são palavras muito utilizadas?

Para a Kabbalah, tudo é relativo, até a inteligência e a ignorância. Não existe um ser absolutamente inteligente. Ninguém pode ser possuidor de toda a inteligência existente.

Então como podemos redefinir o significado de inteligência ou da ignorância?

Segundo a Kabbalah, uma pessoa inteligente não é, necessariamente, uma pessoa que sabe tudo, porque não existe uma pessoa capaz de saber tudo. Os sábios antigos não eram pessoas que sabiam tudo. Por esse motivo, hoje nos sentimos mais 'inteligentes' do que os sábios dos tempos antigos.

Um sábio de dois ou três mil anos atrás, na verdade, não seria considerado, nos dias de hoje, uma pessoa sábia. Pelo contrário, talvez fosse considerada uma pessoa desinformada.

Atualmente um menino de cinco ou seis anos, já tem mais informações, e mais habilidades de mexer com fontes de informação do que um grande sábio tinha dois ou três mil anos atrás.

E o termo informação também é algo que pode ser bem ou mal empregado – tudo depende da inteligência.

Informação, inteligência, ignorância. Precisamos estabelecer se estas palavras têm para o sábio da Kabbalah o mesmo significado que para o leigo.

Segundo a Kabbalah, uma pessoa inteligente, ou um sábio, é uma pessoa que sabe usufruir o que aprendeu. Isso é 'ser inteligente'.

É a distância, a lacuna, entre a quantidade de informação recebida e a qualidade de vida, que define a ignorância.

Ou seja, do ponto de vista da Kabbalah, um médico, um advogado, um psicólogo, um professor, um rabino, uma pessoa de qualquer profissão, que tiver recebido informação, mas não souber aplicá-la para melhorar sua própria vida será considerada ignorante.

Uma Bomba Muito Perigosa

Em forma geral, podemos assumir que cinquenta anos atrás, um estudante de medicina, depois de cerca de cinco anos na faculdade, teria recebido praticamente quase toda a informação disponível e necessária para praticar a profissão naquela época.

Hoje são necessários sete anos iniciais, e, depois, pós-graduação e mais anos de estudo e de prática, para adquirir e dominar a maior quantidade de informação possível. E durante esse período as primeiras informações aprendidas no começo dos estudos já terão mudado. Desta forma, mesmo depois de quase dez anos de estudo, o médico não consegue adquirir nem uma parte pequena da informação disponível. A distância entre o que a pessoa é capaz de saber e a quantidade da informação, está sempre crescendo. Nesse sentido, cada geração está sendo mais ignorante do que a anterior!

Então, será que a nossa geração, que se considera a geração mais evoluída, avançada, educada, é uma das gerações que está sofrendo a maior ignorância? Todo mundo sabe que fumar não faz bem à saúde. Pelo contrário, faz muito mal. Mas o fato de o fumante saber disso e não conseguir controlar o seu desejo, também cria um problema. Receber informação sobre os efeitos nocivos do fumo só é bom se aplicarmos este conhecimento ao nosso dia a dia e pararmos de fumar. A crise, o problema emocional, espiritual, intelectual, de comportamento, de atitudes, surge quando não conseguimos parar de fumar, apesar de saber o quanto isso é nocivo à nossa saúde.

Atualmente qualquer pessoa pode se tornar um Bill Gates, praticamente de um dia para o outro. Cada vez mais pessoas jovens estão se tornando milionárias e bilionárias em muito pouco tempo. Potencialmente, somos todos capazes disso, até mais. Mas a competição é tão grande que cria uma grande frustração. O problema está na distância entre o nosso potencial e onde podermos chegar.

O médico iniciante, que acabou de terminar sua faculdade com muito orgulho, na verdade começa sua carreira em um patamar bem mais baixo do que um aluno de medicina há cinquenta ou sessenta nos atrás.

No século XX todos tinham medo de bombas e explosões: explosão da bomba nuclear, explosão demográfica. Mas existe uma bomba muito mais perigosa: a bomba da informação.

Uma bomba enorme, galáctica talvez. E ninguém está tratando disso. Para nós, leigos, isso talvez não signifique quase nada. Porque ainda nem todos estão percebendo a ameaça e o perigo dessa bomba explodir. Na verdade, já está explodindo, e está criando uma enorme lacuna entre o que sabemos de fato e a quantidade enorme, quase infinita, da sabedoria disponível no mundo.

Isso nos faz sentir mais inteligentes ou com uma maior sensação de inferioridade?

Cada vez que se acessa qualquer fonte de informação é inevitável perguntar: Como será possível assimilar tanta informação? Há ainda os conflitos entre as fontes de informação. De que forma podemos utilizar tudo isso?

A intenção não é deixar ninguém deprimido com essas observações. A intenção é despertar a consciência para ficarmos cientes do que está acontecendo no mundo.

Os serviços da Inteligência, como o FBI, a CIA, ou qualquer outra agência de informação, sabem que, no futuro, quem controlar a informação, ou as fontes de informação, poderá ter o controle do mundo.

E hoje não há necessidade de bibliotecas, como a de Alexandria, que foi queimada há mil e cinquenta anos. Basta pegar um celular, que tem um custo menor, e podemos ter acesso a toda informação, sobre todas as pesquisas, estudos, de todos os governos, bancos, tudo. Ou até mesmo apavorar o mundo, como estão fazendo os cyber-ataques dos terroristas, e dos hackers.

Isso já é uma realidade há anos. A ameaça é tão grande que nem os governos e nem os políticos, vão divulgar isso ao público, porque poderia gerar um grande pânico.

Em resumo, no físico há excesso de informação disponível hoje, com a qual é quase impossível um leigo lidar. Absorver, manipular, cultivar, praticar, usufruir... é simplesmente demais!

A Inteligência Cósmica

A Kabbalah quer nos oferecer uma saída, ao explicar que a solução está dentro de nós. Além do nosso poder intelectual, temos um poder espiritual.

Nossa inteligência baseia-se no que a Kabbalah chama de Desejo de Receber. É algo além do intelecto, além da consciência e da mente intelectual.

Inteligência não é a capacidade intelectual de analisar, captar ou manipular informação, embora isso também faça parte da inteligência.

Há vários níveis de inteligência. Sabemos que nossa inteligência não é só intelectual, e que existe também uma inteligência emocional, uma inteligência mental, e uma inteligência cósmica.

Então, tudo depende do nosso desejo de receber. Se quisermos receber só informação intelectual, nossa inteligência será dirigida para o crescimento intelectual. Se preferirmos evolução emocional, vamos nos concentrar no desejo de receber vivências emocionais.

A Kabbalah quer abrir a nossa inteligência cósmica, que é uma inteligência divina, capaz de receber e absorver qualquer informação e nos permitir manipulá-la, cultivá-la e usufruí-la para o nosso bem. É um processo quase instantâneo, porque é atemporal.

Acumulando o Desnecessário

Será que a evolução humana está nos levando para um mundo melhor? Será que somos mais felizes, menos agressivos, mais pacientes, mais tolerantes uns com os outros? Não necessariamente; ao contrário.

O estresse, a pressão e a agressividade estão crescendo cada vez mais. Ou seja, a negatividade está aumentando.

E isso está chamando a atenção dos que lidam com o comportamento humano, sejam psicólogos, psicanalistas, ou médicos. Eles sabem que as doenças e os males não começam no mundo físico, mas no mundo psíquico, psicológico, e em nossa inteligência energética.

Se alguém pegar um livro de cem páginas para estudar, vai precisar de certo tempo para fazer isso. Ao longo desse período, vai adquirir a informação que está nesse livro. Mas quanto tempo irá passar até utilizar, praticar e usufruir essa informação? Talvez trinta, cinquenta anos, até mais.

Todos nós já lemos uma infinidade de livros, mas será que toda a informação absorvida está sendo utilizada no dia-a-dia? Não necessariamente.

Ao contrário, diversos depósitos de informação, que estão sendo alojados em nossa cabeça, às vezes acabam apenas nos atrapalhando, ao invés de ajudar. Eles criam um peso que, ao longo do tempo, pode causar confusão e até obstáculos ou bloqueios mentais.

É exatamente como quando compramos uma casa nova. No início ela está vazia e aí começa o acúmulo. Depois de três, cinco, dez anos, a casa fica entulhada de coisas que não usamos. Ao invés de utilizarmos cem por cento do espaço de nossa casa, usamos bem menos, e ela simplesmente vira um depósito de coisas que ninguém sabe de onde surgiram. Acumulando a poeira que é o pesadelo de quem vai limpar a casa.

Da mesma forma, estamos vivendo uma situação de acúmulo desnecessário em nossas cabeças.

Certas pessoas são obsessivas com coisas físicas por causa de segurança e de apego emocional: Ah, não vou jogar isso fora!

Isso cria uma ilusão de proteção e segurança. O mesmo acontece em nosso cérebro. Informação também pode ser acumulada de maneira obsessiva, e pode criar até certo apego, um vício de informação.

Nada de Misticismo

Há pessoas que ficam lendo constantemente, sem parar, como loucas, mas por quê? Para quê? No que isso vai ajudar? Isso, às vezes, se torna um vício, uma dependência, porque através do acúmulo de informação, a pessoa se sente talvez mais segura, mais independente. Porém, na verdade, o que acontece é uma sensação ilusória muito distante da realidade.

Rabino Joseph Saltoun

O Mundo da Informação

Conquistando o Mundo da Informação

A Kabbalah quer nos mostrar que a única pessoa que estamos aqui para ajudar, redimir, salvar ou curar, somos nós mesmos. Se um psicólogo, ou médico não sabe como ajudar a si mesmo ou a seus familiares, como ele vai ajudar aos outros?

Assim, antes de tentar ajudar, salvar, ou curar os outros, é preciso saber como curar, ajudar e salvar a si mesmo. E depois de ter se salvado, é possível compartilhar a própria experiência pessoal com os demais, ajudando-os também.

Desta forma, podemos nos salvar do inimigo número um da humanidade que é o nosso ego. O nosso ego não gosta de admitir que não saiba tudo, que não seja perfeito.

Por este motivo todos nós pensamos que somos perfeitos e que temos o direito de criticar os outros que não são "perfeitos como nós" – mas que ilusão!

As pessoas se sentam diante da televisão criticando: Ah, fulano devia ter feito isso ou aquilo! Tudo mundo sabe que o outro tem que fazer, mas, quando se trata de nós mesmos, não gostamos de receber críticas.

Retornando á questão do excesso de informação disponível, que é uma verdadeira bomba explodindo em nosso mundo: Temos de enfrentar essa ameaça e o desafio de encontrar uma maneira de conquistar o mundo da informação.

Temos de saber como absorver, interiorizar, e transformar a informação em algo bem utilizado. Só assim poderemos acabar com a ignorância, ou seja, com a lacuna entre a quantidade de informação que somos capazes de acumular e a quantidade potencial de informação, quase infinita, que existe no mundo. É fundamental saber como educar-se de uma forma espiritual.

Utilizando Nossa Inteligência Divina

Como já mencionado, uma maneira de ler um livro é ir lendo durante um determinado período de tempo que depende do ritmo de cada pessoa. Outra forma é através de nossa inteligência divina e de nossa intuição.

Há pessoas que são capazes de pegar um livro, colocar a mão sobre ele, entrar num estado meditativo de conexão com a alma, com a inteligência do desejo de receber e assim absorver diretamente toda a informação contida no texto. Nesse caso a pessoa capta a informação contida no livro de outro modo, está aprendendo de outra maneira. E esse não foi o modo de ensinar e de estudar que todos nós aprendemos na escola.

Tanto esforço memorizando, lendo, enchendo a cabeça com informação! E, no caso dos estudantes, depois de sair da faculdade, quase noventa por cento da informação acumulada em seus cérebros não é utilizada. Que absurdo! Desperdício de tempo, de energia, até de células nervosas em nosso cérebro! Quantas células se queimam memorizando coisas que depois ninguém usa?

A Kabbalah oferece outra maneira, mais intuitiva, na qual, para nós, de um dia para o outro, é muito difícil acreditar. Mas hoje a ciência está fazendo experiências para provar que isso é possível.

Vamos considerar duas situações diferentes onde alguém quer memorizar o conteúdo de um livro.

Na primeira situação, enquanto está dormindo, a pessoa memoriza o conteúdo de um livro ouvindo uma gravação. Durante a noite toda, a gravação fica repetindo o texto do livro e assim, a habilidade de absorver, memorizar e lembrar a informação depois de um determinado número de horas é bem maior do que a de quem apenas ficou lendo aquele mesmo livro durante uma semana.

Outra possibilidade é deixar o livro embaixo do travesseiro e ir dormir. Parece brincadeira, mas não é. Já existem experiências científicas que comprovam a seriedade desta proposta. Hoje, a ciência nos diz que para memorizar o conteúdo de um livro o melhor é dar uma lida antes de dormir, nem que seja apenas um verso ou até uma palavra só. E a Kabbalah diz que nossa alma, nossa inteligência cósmica, fará o trabalho por nós.

Utilizando esse princípio, podemos praticá-lo com o livro do Zohar. Uma das melhores maneiras para absorver a sabedoria contida nesse livro é ler algumas frases dele ou até 'escanear' (percorrer com os olhos) as letras em hebraico/aramaico antes de dormir. E deixar o livro em baixo do travesseiro. Mesmo dormindo, a alma continua aprendendo, sem precisar passar pelo filtro da mente intelectual.

A mente intelectual é muito boa para determinadas coisas, mas é limitada, lenta, pesada. Leva muito bastante tempo aprender coisas novas através do intelecto.

A Kabbalah explica que através de nossa inteligência cósmica e divina, podemos absorver quase direta e instantaneamente a informação existente.

Cada Célula Tem Sua Própria Mente

A ciência afirma que no cérebro existe algo que pensa, que gera pensamentos e que controla o funcionamento do nosso corpo: é a mente. Apesar de não ser algo físico, e não ter um lugar físico, específico e fixo, seja no cérebro ou em outro lugar – sem dúvida ela existe.

Mas a ciência atualmente também afirma que cada célula do corpo possui a sua própria mente.

A mente não é algo físico, como o cérebro. A mente – uma força que pensa, sente, age, manipula e processa a informação – é uma força viva que não está localizada apenas em nosso cérebro, mas em nosso corpo inteiro.

Ou seja: a mão, o pé, a perna também pensam. O fígado também pensa, e tem sua própria mente e sua própria inteligência. Isso já vem sendo dito na linguagem da ciência e da medicina de hoje, que está entrando nessa dimensão.

A Kabbalah abre para nós a ligação intuitiva, direta, íntima, com a fonte infinita, não só da informação, mas do prazer, da plenitude, da mudança, da prosperidade, de todo o bem que estamos querendo adquirir e realizar em nossa vida.

Quanto Mais Matéria, Mais Falta

No Mundo da matéria existe sempre a sensação de que falta alguma coisa. Faz parte da matéria, gerar a necessidade e a sensação de falta.

Alguém trabalha hoje, ganha dez reais. Amanhã vai querer ganhar vinte. No dia seguinte, vai querer ganhar quarenta, e assim por diante. Esse é o mundo da matéria. Quando mais matéria possuímos, mais falta sentimos.

A Kabbalah está despertando em nossa consciência a noção de que não é matéria que nos falta, porque mais matéria vai gerar ainda mais falta.

Se a pessoa for rica, mas também muito espiritual, não haverá conflito, porém é importante lembrar que quanto mais matéria adquirimos, mais falta da luz, da consciência espiritual e de satisfação espiritual iremos sentir.

Estamos aqui no mundo, no século 21, fazendo parte de uma geração muito materialista, sentindo de maneira bem forte as necessidades da matéria, e esse fato está nos incentivando a procurar algo além da matéria. Isso é muito bom! Talvez seja um paradoxo, mas é legítimo e até positivo.

Assim, a Kabbalah atualmente está florescendo justamente nessa nossa geração, que é a mais materialista de todas as gerações anteriores.

Porém, a verdade é que estamos chegando a um nível espiritual mais elevado. E, dessa forma, a Kabbalah vem sendo difundida cada vez mais.

Os Nomes Sagrados

No segundo capítulo concluímos que quem criou o mundo físico foi o Recipiente, também chamado de Criatura. Para livrar-se do Pão da Vergonha, ele passou pela Contração chamada Tsimtsum, dando origem ao nosso mundo. Assim, o Recipiente, a Criatura, foi quem criou o mundo físico.

A Kabbalah diz que o termo Deus, que alude à consciência divina coletiva, na verdade se refere a nós. Nós viemos do Recipiente, o qual criou o mundo da matéria. Deus não é a Luz Infinita, porque a Luz Infinita não tem um nome ou diversos nomes. O termo Luz Infinita descreve como o Recipiente recebe prazer infinito. É um termo relativo que descreve a experiência do Recipiente em relação à Luz, ou ao receber o prazer. Deus e Seus nomes, como aparecem na Bíblia, refere-se a entidades divinas que surgiram depois do Tsimtsum.

Certamente, pode-se preferir acreditar que um Deus absoluto existe, ou que Ele criou o mundo. Ou, então, pode-se negar a existência de Deus, e não aceitar que Ele tenha criado o mundo. Pode-se também dizer que talvez Deus não seja Deus, mas, sim, uma força misteriosa e mística. De qualquer forma, são maneiras de evitar assumir a responsabilidade pela Criação e atribuí-la a algo misterioso, enquanto o ser humano fica debatendo e discutindo.

Para estudar a Kabbalah e entender o divino que está dentro de nós, temos de assumir a responsabilidade sobre nossa criação. O afastamento do ser humano da sua própria essência divina criou a percepção ilusória de um Deus lá no céu, afastado dele e fora de seu alcance.

A Kabbalah explica que um dos problemas que apareceram na Idade Média, e persistem até hoje, são as traduções da Bíblia Sagrada. A Bíblia Sagrada foi escrita originalmente em hebraico.

Acontece que, na versão em hebraico da Bíblia, Deus aparece com vários nomes distintos. Há várias palavras em hebraico que significam Deus.

Em Inglês, God é o mesmo God em Gênesis 1, em Gênesis 2, e assim por diante. Embora em hebraico haja diversos nomes diferentes, todos foram traduzidos para o inglês como sendo unicamente God.

Em português também, a palavra é sempre Deus. Ou, talvez, O Senhor Deus, mas é o mesmo termo.

Em hebraico não é assim. Em hebraico, o termo Deus aparece representado por diversos nomes.

Mas se Deus é único, como todas as religiões monoteístas pregam, então por que o Deus único precisa de tantos nomes? Qual a razão disso? E também, se Deus existe, e Deus criou o Homem, por que e para que Ele criou o Homem?

Vamos, então, examinar o nome de Deus em hebraico que criou os Céus e a Terra em Gênesis 1, o primeiro capítulo da Bíblia. O nome é Elohim.

Contudo em Gênesis 2 já aparece outro Nome: o Tetragrama com as letras hebraicas de IUD KEI VAV KEI, o nome sagrado com quatro letras.

Entretanto, o nome que aparece em Gênesis 1 é Elohim.

Mas se Deus é único, por que precisaria do nome Elohim, do Tetragrama, e de outros nomes? Por que tantos nomes?

Corpo e Alma Celeste

Voltando ao assunto da Criatura que fez a Contração, o Tsimtsum, nome que equivale ao que a ciência denomina de Big Bang:

A grande diferença entre os sábios da Kabbalah e os cientistas, é que a ciência está examinando o mundo metafísico com óculos do mundo físico. Isso traz uma grande limitação. Porque quando se examina o mundo metafísico com olhar físico, acaba-se distorcendo e manipulando o metafísico segundo o físico; isso afeta a visão e não deixa ver nem entender o que está sendo visto. Por esse motivo, a ciência ainda está procurando e não encontrou a causa do Big Bang.

Abraão, o Patriarca, para chegar à conclusão de que existe um mundo metafísico, saiu da influência do mundo físico e entrou com consciência espiritual ou metafísica para dentro do mundo metafísico. Em seguida, trouxe os conceitos, as ideias, as visões do mundo metafísico para o físico, sem distorcê-los e com uma compreensão completa do que tinha visto e experimentado.

A Kabbalah afirma que a causa da explosão do Big Bang, a expansão do universo e o aparecimento do mundo físico, foi uma decisão voluntária e consciente do Recipiente no Mundo Infinito, a qual deu origem aos diferentes Recipientes no mundo físico.

Cada Recipiente é uma inteligência divina, quer dizer, uma criatura metafísica que também apresenta uma expressão física.

Assim, além dos planetas, além das galáxias, além dos sóis, a Kabbalah explica que cada corpo celeste possui também uma alma celeste. Uma inteligência. Exatamente como acontece com o corpo físico do ser humano que também é um corpo celeste, possuidor de uma alma celeste.

Localizando o Céu

Falando sobre o céu, alguém sabe onde o céu esta? Ou onde o céu começa? As pessoas apontam para cima quando se referem a Deus. Mas em que altura Deus está no céu? Um quilômetro? Dois quilômetros?

Os astronautas foram para a lua e não encontraram Deus lá. Então em que altura os céus começam?

Na verdade, os céus começam a partir do chão, a partir da terra, Assim, todos nós estamos no céu, ninguém está na Terra. Nós somos seres celestiais e angelicais. E os anjos, Deus, todos os seres celestes estão aqui. O divino do céu está aqui ao nosso redor.

Somos seres divinos andando sobre a face da terra e no céu. E ninguém percebe isso, porque estamos andando com a cabeça baixa, carregando um peso, o fardo da vida. Esse é o problema.

Temos de sair da matéria e começarmos a assumir nossa posição como os seres celestiais e divinos, que realmente somos. Aqui, nos céus.

Não é preciso voar para entrar no céu. É preciso mudar, alterar a consciência e sincronizar as frequências entre os mundos para entrar na dimensão paralela e metafísica. Esse é o significado da expressão ascensão espiritual.

A Missão: Retornar ao Infinito

Será que esta informação científica sobre o Big Bang vai nos ajudar em nossa vida particular? Em nossos negócios? Ou em nossa vida familiar, emocional, amorosa? O que isso tem a ver conosco, no dia-a-dia? Infelizmente nada! Fora do fato de que essa maravilhosa teoria satisfaz uma curiosidade, ela não vai providenciar respostas e esclarecimentos sobre a vida, nem explicar como nos aliviar do peso e do fardo dela. Ela não trará mais paz e harmonia entre os povos, nem para a nossa vida aqui na terra. Sem saber a causa, transcender a consciência limitada e lembrar o motivo primordial e original, estaremos todos aprisionados em uma consciência adormecida, que pesa sobre nós na forma de amnésia espiritual.

Então, quem causou o Big Bang?

Nós mesmos, que viemos do Recipiente.

E paralelamente à explosão física, houve uma implosão, ou uma Contração da nossa própria inteligência divina.

E aqui podemos observar a grave questão da ignorância. Sabemos muito, mas não sabemos como utilizar quase nada. Porque sem estarmos envolvidos no processo, continuaremos alienados de nosso ambiente.

Os sábios da Kabbalah salientam que esta informação, quando relacionada ao mundo espiritual, pode nos ajudar a saber como lidar melhor com as regras do jogo da vida aqui na Terra.

Essa é a grande vantagem de unirmos o estudo científico com o espiritual e não apenas estudar apenas a informação científica.

A Kabbalah explica que depois de ter chegado à dimensão física, o ser humano tem missão de voltar, subir ou retornar ao Mundo Infinito. Esse retorno é espiritual, não físico.

A Ascensão, ou o Retorno, é um processo de transformação, ou melhor, de autotransformação. Estamos aqui para nos transformarmos, e transformar a consciência física e limitada em divina e eterna.

O Desafio de Transformar o Negativo em Positivo

Nosso corpo veio do Recipiente, que tem o desejo de receber. A alma veio da Luz, e é uma energia eterna.

Nosso corpo é descrito pela Kabbalah como a inteligência do Desejo de Receber para si mesmo.

Esse é o nosso grande desafio a vencer: o Desejo de Receber para si mesmo. Aí reside nossa tentação, nosso bloqueio, um verdadeiro teste para nós neste mundo físico.

A matéria é muito importante, mas cria a sensação de falta, de carência. O problema é a nossa crença, ou fé cega, de que mais matéria irá resolver o problema. Se alguém tem dez e o outro tem dez também, fica pensando: Preciso matar ou enganar o outro para ganhar os seus dez. Assim, eu vou sentir mais segurança.

Essa é a tendência robótica, mecânica e até satânica.

Aliás, o satã, o demônio, não é aquela entidade, aquela imagem com chifres e um tridente vermelho que fica queimando pessoas no inferno. Esse não é o satã. O satã, o demônio, é a força egoísta do ser humano.

Portanto, quem causou e está causando o aparecimento do mal e até mesmo do demônio, é o ser humano.

Não foi Deus, não foi a Luz infinita que criou o satã, ou o demônio. O demônio é o resultado, ou seja, a consequência da consciência negativa e egoísta do ser humano.

Então, ao mesmo tempo, esse é nosso desafio e nosso bloqueio: transformar essa força negativa em força positiva. Mas nem sempre é fácil.

O compartilhar, o Desejo de Receber para compartilhar é a única chave que pode nos salvar, nos redimir da prisão do mundo da matéria. Embora esse seja um desejo muito nobre, aceito talvez em termos intelectuais, na prática se mostra bem difícil de aplicar. Todavia, é possível!

Recuperando Nossa Consciência Divina

Nosso enfoque é não continuar a aprender como fomos treinados a fazer, dentro do sistema educacional robótico.

Queremos aprender a Kabbalah de outra maneira, abrindo os canais espirituais, energéticos, de comunicação. Porque a informação existe e está no ar. Nos planetas, nas árvores, em todo lugar. É só uma questão de saber como observar, receber, interiorizar e transformar o desejo de receber para si, que aprisiona a nós e a tudo que recebemos, em desejo de compartilhar, o qual nos liberta e permite à energia cósmica fluir livremente.

Porque nosso bloqueio está além da matéria, além do satã, além do nosso ego. A fonte, a raiz do nosso bloqueio é o Pão da Vergonha.

Para receber mais sabedoria divina, qual é a regra da vida? É preciso compartilhar mais informação, mais conhecimento, mais sabedoria. Para receber mais amor do parceiro de vida, o que é preciso? Saber compartilhar mais amor, afeto, carinho. Para receber mais respeito, mais sucesso, mais realização na vida, é preciso compartilhar mais sucesso e respeito com os outros.

Contudo, isso é contra a nossa natureza. A nossa natureza física e materialista, nos faz pensar: Primeiro o meu milhão. E depois eu vou cuidar dos outros. Todos correm atrás do seu primeiro milhão. Isso cria um paradoxo e até um conflito entre essas duas dimensões e os dois tipos de consciência.

As pessoas mais ricas do mundo sabem, ou acabam por saber, como lidar com essa regra cósmica. Elas não correm atrás do dinheiro. Porque a visão, o sonho e a mente devem funcionar bem além do dinheiro. Se pensarmos apenas no dinheiro, então limitaremos o sucesso, tanto em termos de quantidade quanto de longevidade desse sucesso. É preciso ir além.

Um exemplo disso foi Walt Disney. Houve um momento onde ele não tinha nada além de enormes dívidas. Mas tudo se modificou e sua obra tornou-se um sucesso eterno. Por quê? Porque além do dinheiro, Disney acalentava um sonho, um ideal, uma visão. Uma visão que veio de sua inteligência divina, de sua alma.

Isso não quer dizer que alguém não possa ter sucesso sem ter tudo isso. Mas, segundo as regras cósmicas, nesse caso, se não houver uma mudança de consciência e a pessoa permanecer presa à sua consciência limitada, vai acabar limitando o tamanho e a duração do seu próprio sucesso.

A Kabbalah quer nos treinar e ensinar como resgatar e recuperar a fé em nós mesmos. A fé em nossa consciência divina. Esta é a fé verdadeira. Ao desmistificar Deus, a intenção não é desprezá-Lo. A intenção é elevar a consciência do ser humano para que ele alcance sua consciência divina e a realize. São duas coisas distintas. Ao contrário, quando o ser humano realiza o seu potencial divino, o valor de Deus aumenta através da integração do indivíduo com a consciência divina coletiva, e assim também aumenta a autovalorização do próprio ser humano.

Valorizando a Criação

Com mais autovalorização, podemos começar a valorizar mais este Universo, esta maravilhosa e milagrosa Criação.

É preciso lembrar de que a Criação é nossa. É a Criação divina criada por nossa consciência divina.

Aparentemente, o bloqueio do esquecimento é por causa de nosso ego, de nosso desejo de receber para nós mesmos, ou seja, de nossa obsessão física pela matéria.

Mas estamos aqui a fim de nos transformar, de passarmos por um processo de autotransformação, e aprender que, para receber mais, precisamos compartilhar mais. Quanto mais compartilharmos, mais receberemos. Essa é a regra básica e fundamental da nossa vida, do Universo e da sobrevivência da espécie humana aqui na terra e no Universo.

Então, a Kabbalah está lidando também com a sobrevivência do ser humano. E apenas passar por meia hora de meditação ou terapia por semana não são suficientes para que nos sintamos melhor.

A principal intenção é ajudar o ser humano em sua vida, com o intuito de manter e garantir a continuidade da espécie humana aqui na Terra; mas como uma espécie humana divina, não uma espécie humana selvagem.

A Teoria da Relatividade

Foi Einstein quem apresentou a teoria da relatividade à comunidade científica e ao mundo. Realmente, trata-se uma teoria interessante que explica muitos paradoxos e conflitos no mundo da ciência. Mas chega a pergunta: Como essa teoria pode nos ajudar na compreensão de nós mesmos? Como podemos aplicar essa teoria na vida, e não só em laboratórios, aceleradores de partículas e usinas nucleares?

Para entender a dimensão do divino, é necessário sair da visão absoluta e objetiva e assumir a visão que tudo é relativo. Só no Infinito a realidade é absoluta. Mas quem vive no Infinito? Nós, juntos com o Recipiente, saímos do Infinito e estamos no Mundo do Tsimtsum e tentando ascender e retornar ao Infinito. Temos que achar o caminho e segui-lo. E esse caminho de ascensão se baseia nas regras da relatividade. O Infinito, o mundo absoluto, parou de existir relativamente à Criatura.

Ao criar o mundo finito e físico gradativamente, surgiram diversos níveis. Cada nível é uma dimensão, um plano de inteligência cósmica, onde temos um Recipiente relativo e diferenciado, que é uma inteligência cósmica e divina, e é considerada uma deidade. Nesse nível temos também a Luz que está acompanhando o procedimento da Contração gradativa do Recipiente. Não são mais nem Luz Infinita e nem Recipiente Infinito.

No Infinito, a Luz Infinita é a causa absoluta, ou Criador absoluto, do Recipiente, que é considerado o efeito absoluto, ou Criatura absoluta. Não há troca de funcionalidade no Infinito. Porém, após o Tsimtsum, a causa ou o Criador é relativo, e o efeito ou a Criatura também. Tudo depende da função e da posição: o nível superior é Criador relativo, enquanto o inferior a ele é Criatura relativa. E isso vai mudando ao longo da evolução e do aparecimento dos níveis.

Assim, na criação do mundo finito, o Criador é relativo, ou seja, Deus como Criador é relativo.

Diferenciando Deus e Luz Infinita

Agora podemos começar a esclarecer melhor o termo Deus.

Deus não é a Luz Infinita. Deus não está no Infinito que é a dimensão absoluta.

Deus é uma deidade relativa e não é o Criador absoluto. Porque seguindo a relatividade, em nossa dimensão, fora do Infinito, não existe mais o Criador absoluto.

Portanto, o termo Deus não se refere a um Deus único e absoluto. Esta é a maior confusão que todas as religiões criaram. Única e absoluta é a Luz no Infinito.

Por isso, hoje existe confusão em nossa vida religiosa. Até mesmo na Bíblia, também se confunde a Criatura com o Criador absoluto que é a Luz.

Quando Abraão o Patriarca revelou o monoteísmo – um Deus só – ele queria revelar não o fato de que existe um Deus só, porque isso não ajuda ninguém. Por isso se vê que até hoje as pessoas estão se matando em nome de Alá, em nome de *God,* em nome do Alcorão, em nome da Bíblia, em nome de tudo. Isso não ajuda ninguém.

Ser humano contra ser humano, povo contra povo, nação querendo exterminar outra nação. Isso é o satã, isso é o demônio, isso é o mundo da escuridão. A mensagem divina de Abraão sobre o Monoteísmo não é essa.

O Verdadeiro Monoteísmo

A intenção original de Abraão, o Patriarca, ao revelar o monoteísmo foi ensinar o ser humano a redimir-se. Como se nos dissesse: Olha só, ser humano, você está aqui no mundo físico. Você está totalmente fragmentado, em inúmeras partes, espalhado pelo mundo. Para voltar ao Mundo Infinito, temos que nos unir numa consciência só, num Recipiente completo, infinito.

Essa é a única maneira de voltar ao Infinito. O monoteísmo não é fé cega num Deus só. Isso é o que o satã, nossa própria negatividade, criou aqui no mundo. Por isso, satã conseguiu convencer a todos nós que ele não existe. A realidade ilusória que vemos é uma obra satânica.

As pessoas se matam em nome de Deus. Existe algo mais satânico do que isso? Racismo, antissemitismo, todo o ódio entre as nações que vivenciamos hoje nasceu por causa das religiões. É a obra do satã, que o ser humano está alimentando, através de poder, de sexo, das manipulações, do dinheiro, dos governos, etc..

Estamos aqui para tentar, pelo menos, falar, ou ousar falar a verdade.

Quando os sábios da Kabbalah, há dois mil anos, disseram essas palavras, foram perseguidos, torturados, atormentados, crucificados, etc.. Quando rabi Shimon Bar Iochai disse essas palavras, ele também foi perseguido, sendo que seu mestre também foi assassinado. Todos os sábios foram mortos por causa de nossa ignorância.

E hoje, depois de dois mil anos, estamos aqui para tentar corrigir esses erros do passado. Pelo menos, evitar repeti-los.

O primeiro passo para começar essa correção é sair da influência da fé cega, que cria consciência adormecida, passiva e até drogada. Porque até pessoas que acreditam em Deus, acabam brigando com aqueles que não creem, querendo impor a elas sua fé. Não tem fim esse ciclo cruel!

Compartilhando a Luz

Em vista disso, temos que abrir nossa mente para que, de maneira amadurecida, saibamos não cair na consciência escura do satã. Ele sempre está por aí, criando mais truques, querendo nos atrapalhar e nos fazer cair em suas armadilhas de escuridão e ignorância.

E sabemos que ignorância leva ao ódio. Porque quando não conhecemos uma pessoa podemos encará-la como inimiga. Mas, uma vez que saibamos quem é, podemos ser amigos. Ignorância cria separação, afastamento, inimizade e consciência demoníaca.

A Luz vem e elimina a escuridão. Ela afasta a escuridão para sempre.

Mas, como trazer a Luz?

Estas são as regras da vida. Para recebermos a Luz, temos que compartilhar, não existe outro jeito. Mas como compartilhar a Luz? A Luz é algo tão abstrato, tão além do físico.

Dinheiro? Talvez. Eu posso dar uma moeda para alguém. Ou roupa, ou um sapato velho. Mas, como dar Luz?

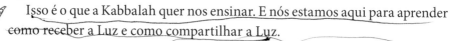

Isso é o que a Kabbalah quer nos ensinar. E nós estamos aqui para aprender como receber a Luz e como compartilhar a Luz.

Podemos compartilhar a Luz através do amor, através de relações, através de sapato, de roupa, através de dinheiro. É uma questão de sincronizar com a força do Criador que está dentro de nós.

A Verdadeira Riqueza

Alguém me perguntou sobre a energia do dinheiro. Não estamos aqui para aprender como ganhar dinheiro; não. Estamos aqui para aprender a apreciar a energia do dinheiro.

A energia do dinheiro vem da Luz. Se não soubermos como compartilhar a Luz, o dinheiro não vai aparecer.

Ou vai aparecer na forma de matéria, de moeda, acompanhado de problemas, dificuldades, energia negativa, acidentes, doenças, nada mais.

Esse mundo da matéria, do dinheiro, é contaminado com pensamentos de cobiça, vingança, competição, engano, roubo. Essa é a dimensão física do mundo do dinheiro gerada pela consciência negativa do ser humano – o materialismo.

Contudo, queremos ser ricos. Mas, será que é possível sermos verdadeiramente ricos acumulando apenas dinheiro e posses materiais? Não.

Podemos nos tornar verdadeiramente ricos recebendo e compartilhando a Luz. Assim, entramos no fluxo eterno da energia cósmica da vida.

O fluxo da Energia da Vida

Nossa essência vem da Luz – a força criadora infinita, que apresenta em sua essência o Desejo de Compartilhar. Isso é o que a Kabbalah considera como sendo o Bem, ou a fonte infinita do Bem. Quando alguém quer compartilhar e dar alguma coisa ao outro, torna-se igual à Luz. Essa igualdade à Luz faz com que o prazer que naturalmente vem da Luz, flua e entre no Recipiente das duas pessoas: no de quem compartilha e no de quem recebe. O preenchimento do prazer funciona para todos os lados. Todos ganham e ninguém perde, porque a fonte do prazer é infinita.

No outro extremo, temos o 'Desejo de Receber para si mesmo', o nosso ego, a tendência negativa do ser humano de esquecer o outro – o outro pode ser o marido, esposa, pais, filhos – e passar a cuidar apenas de si mesmo.

Isso não quer dizer que a Kabbalah ensine, ou pregue: Olha só, ser humano, esqueça a si mesmo, esqueça sua vida e vá se sacrificar só para o outro. Isso também é um extremo que a Kabbalah não encoraja. Altruísmo também pode tornar-se uma armadilha do ego e da vaidade.

A Kabbalah quer equilibrar as duas extremidades, os dois polos, entre o desejo de compartilhar e o de receber, Compartilhar faz bem ao outro, mas cria um ciclo de energia que acaba favorecendo quem compartilha também.

O querer cuidar do outro deve incluir o desejo de receber algo de volta. Para quê? Para poder receber e continuar a compartilhar de novo. Assim entramos em um ciclo onde há o fluxo livre e infinito da Luz divina, que é a energia da vida. Desta forma, não perdemos a vitalidade, ou seja, o prazer de viver, de estudar, de trabalhar, e de todas as atividades que fazemos no dia-a-dia.

Porque, uma vez que o fluxo da Luz pare de fluir dentro do ciclo da vida – dos canais energéticos – perdemos o prazer. Seja o de comer, de trabalhar, de nos relacionar afetivamente, seja o que for. Quando a Luz divina não entra no circuito da vida, acaba o prazer, e com isso a vontade de continuar, até de viver.

Circuito versus Curto-Circuito

Para entendermos melhor como lidar com energia cósmica, podemos utilizar os elementos e os sinais da força elétrica, porque no final até a força elétrica que encontramos no físico é uma extensão da Luz Infinita, ainda que em forma limitada.

A Luz é positiva (+) e representa o desejo de compartilhar. O Recipiente é negativo (-) e representa o desejo de receber. Juntando (+) com (-) diretamente, sem um filamento, provocamos um curto-circuito.

O que a descoberta da lâmpada trouxe de verdadeiramente relevante não foi a luz, ou a energia elétrica, mas o filamento; aquele fiozinho colocado entre os dois polos é que gera a luz. Porque a força elétrica já estava ali antes, mas sem gerar a luz.

O ser humano também pode ser comparado a uma lâmpada, uma lâmpada cósmica. E, ao invés de criar e gerar curtos-circuitos, brigas, discussões, temos que aprender a gerar Luz, e energia cósmica de prazer.

O filamento, em termos da Kabbalah, é a Restrição que se originou na Contração do Recipiente no Infinito. É conhecido como a coluna central (ou do meio). Ela conecta os dois polos, ajudando o Recipiente a receber a Luz, sem Pão da Vergonha e sem curto-circuito. A Restrição pode ser ativada conscientemente e com livre-arbítrio.

Mas, às vezes, o ser humano se torna teimoso e obsessivo, querendo tudo e imediatamente. Somos a 'Geração do Agora' – The Now Generation – não temos mais paciência.

Embora devêssemos aparentemente dispor de mais tempo, andando com carros mais rápidos, voando com aviões mais rápidos, navegando mais rápido na internet, tudo com maior velocidade, não temos paciência nem tempo para nada e para ninguém. Que paradoxo! Tudo fica mais rápido e todos nós perdemos tudo mais rapidamente, até a paciência – que é um tipo de restrição.

Com o avanço da tecnologia e da velocidade da vida, poderíamos e deveríamos ter mais tempo livre para o lazer, e tornarmo-nos mais tranquilos e pacientes. Mas estamos ficando cada vez mais agitados, mais frustrados, com menos paciência. Porque a qualidade da vida não depende do carro ou da velocidade com que fazemos as coisas. Nossa qualidade de vida depende de nosso estado espiritual.

E sem praticar a Restrição em nossas atitudes, o espírito e a alma não recebem a Luz. E o corpo acaba se queimando em curtos-circuitos.

A Chave Dentro de Nós

Onde vou adquirir paciência? Alguém tem paciência para vender? Quero comprar 10 gramas de paciência! Tem algum supermercado que vende paciência? Tolerância? Amor? Carinho? Não tem. E será que existe um banco onde posso pedir um empréstimo de paciência?

Na verdade, existe algo que é como um banco cósmico, metafísico e espiritual. O acesso a ele pode fornecer a Luz pela qual estamos procurando. E sua chave se encontra nas meditações e no poder das letras hebraicas, que nos ajudam a aumentar a consciência da restrição; isso, por sua vez, ajuda a nos conectar com a Contração e a transformar o desejo de receber em desejo de compartilhar. Assim eliminamos o Pão da Vergonha e deixamos a Luz Infinita fluir de novo em nosso Recipiente.

Ninguém nasce com Restrição, com um filamento para gerar Luz. A maioria das pessoas nasce sem ter o equilíbrio entre as extremidades dos dois opostos: Eu quero, mas não posso; Eu quero fazer, mas não tenho tempo, ou não tenho dinheiro; e assim por diante!

A distância entre o 'querer' e o 'poder' cria um desequilíbrio mental, emocional e espiritual. Mas como podemos saber se é a hora certa? Como podemos saber se vai dar certo? De onde podemos adquirir controle sobre nossas vidas e sobre o futuro?

Tudo começa pelo autocontrole, obtido através da consciência de Restrição. A Kabbalah diz que só podemos controlar ou dominar a nós mesmos, ou seja, nossa própria consciência. Essa é a chave. Tentar controlar o outro, mesmo sendo para o bem, só gera atrito. Ninguém nasce para aperfeiçoar o outro. Estamos aqui apenas para tentar aperfeiçoar a nós mesmos.

Consciente e Subconsciente

É ilusão pensar: Ah, agora que nasci tenho o controle, vou trabalhar e ganhar dinheiro, ter sucesso, comprar, vender, etc. Então, vou ter o controle! Essas são palavras do ego.

A vida nos mostra, às vezes tarde demais, quando estamos com 80 ou 90 anos: Olha só, a vida passou, mas, controle? Nada disso! É impossível controlar os procedimentos e os acontecimentos da vida!

Certa vez pediram a John Lennon, que definisse o que é a vida. E a resposta foi: A vida é o que acontece de fato enquanto estamos planejando outras coisas. Isso é a vida.

 Planejamos coisas, pensamos no que queremos que aconteça, mas a vida tem seu ritmo próprio, fora de nosso controle, muito embora tenhamos a ilusão de que a controlamos.

Entretanto, é difícil convencer nosso consciente que é realmente assim. Porque conscientemente parece que temos controle – até o momento em que o perdemos. É ali! Quando nós percebemos e admitimos que não temos controle, perguntamos: Então quem tem? E porque está fazendo isso conosco? O religioso vai rezar e orar a Deus para Ele mudar o destino. O cientista vai pesquisar mais ainda. Os dois acabam não sabendo o porquê verdadeiro e a causa principal. Até é possível que consigam mudar o destino de certa forma, mas é apenas temporário. Se não penetrarmos na semente, reprimir o sintoma só vai piorar o problema.

 O princípio que a Kabbalah ensina é que tudo que acontece na vida, seja para o bem ou para o mal, é criado e gerado dentro do subconsciente e transmitido ao mundo externo. Tudo é um reflexo do nosso subconsciente. Sem entendermos a atividade mental e cerebral, não encontraremos nunca a chave de autocontrole. E sempre nos tornaremos vítimas das circunstâncias que nossa mente subconsciente gera inconscientemente.

O que isso significa?

Nossa mente apresenta um lado consciente (cerca de cinco por cento da capacidade potencial da mente ou do cérebro) e outro subconsciente (os outros noventa e cinco por cento) do qual estamos totalmente inconscientes.

Os termos que descrevem a mente consciente, subconsciente e inconsciente são muito utilizados pela ciência, principalmente na área de psicologia, psicanálise e parapsicologia. O problema é que ficaram na mente do público como se fossem partes totalmente separadas. Na verdade, não existe uma mente inconsciente, e sim um estado mental que não tem percepção do subconsciente. A inconsciência é uma consequência da amnésia mental espiritual, onde a pessoa não está ciente da existência de seu subconsciente e, pior ainda, da influência dele em sua vida.

Segundo a Kabbalah, nossa mente é uma mente só. Essa divisão entre as partes da mente é superficial e pertence à consciência fragmentada.

A intenção da Kabbalah é unir os cinco por cento do 'consciente' aos outros noventa e cinco por cento do 'subconsciente'. Porque, uma vez que consigamos unir os dois, sairemos do estado de 'inconsciência'. Em outras palavras, vamos unir a mente consciente e a mente subconsciente numa única mente. Esse é o estado de iluminação espiritual.

A Kabbalah oferece ferramentas para nossa autoeducação, através de meditações, Nomes Sagrados e mantras com letras hebraicas, que nos permitem sair do estado de estarmos "inconscientes de nosso subconsciente" e religar à Mente Universal.

A Mente Universal

Segundo a Bíblia, Deus, ou seja, a entidade divina chamada Elohim, criou o ser humano à sua imagem e semelhança. É a consciência e a forma divina que está em cada um de nós. Como a Bíblia está escrita em código, podemos deduzir e dizer que a parte divina do ser humano é a parte de 'noventa e cinco por cento'. Essa parte é o subconsciente, oculto, escondido, adormecido e ignorado.

Temos aqui mais uma explicação do termo ignorante. É aquele que 'ignora' o seu lado espiritual, ou seja, não conhece o seu subconsciente ou até não reconhece a existência dele. Não saber não é uma vergonha, mas não querer saber, é sim!

A Kabbalah, sendo um estudo do oculto, tem o propósito de despertar o lado inconsciente para conhecer o subconsciente e transformar toda a mente em consciência iluminada. Essa é a parte divina e a consciência de Elohim; em outras palavras, a mente universal.

Quando o ser humano se desconecta da mente universal, acaba utilizando apenas uma fração de seu potencial divino. Essa fração cria uma realidade ilusória e fragmentada, que não é capaz de juntar os pedaços da realidade para enxergar o todo!

Só através de religar a mente humana com a mente universal, seremos capazes de vivenciar a unicidade da consciência divina da humanidade.

Um Bloqueio Que Nos Distancia do Divino

Queremos recuperar a relação com o divino, acabando com a desconexão do ser humano com Deus, ou seja, com sua própria consciência divina. Queremos nos religar. A palavra religião tem origem nessa palavra, e deveria ser o propósito de todas as religiões: religar com o divino.

Pensar com a mente fragmentada cria uma visão distorcida de que Deus está nos céus, lá em cima entre as nuvens. Ao pensar com a mente universal, percebemos que os céus não têm início a partir de cima, mas que começam a partir da Terra.

Assim, vemos que o ponto dos céus, o ponto do divino, começa aqui, na superfície da Terra, onde todos nós estamos andando, vivendo e nos movimentando. Portanto, o divino está aqui, mais perto do que imaginamos.

Entretanto, quando utilizamos a palavra 'divino' geralmente pensamos: Ah, eu sou ser humano, não tenho acesso ao divino.

Vamos lembrar que a nossa essência é divina, que nossa origem é divina. Então somos divinos; todos nós fazemos parte do divino.

Mas o divino é metafísico, energético, atemporal e, devido à nossa dificuldade de estabelecer contato com estas dimensões, surge um bloqueio.

Estamos habituados a perceber um mundo onde, por enquanto, tudo é físico, temporário. A vida é temporária. O salário é temporário. O dinheiro vem e vai. A saúde vem e vai. Tudo vem e vai, nada é infinito.

Todos os nossos conceitos sobre a vida, a morte, o amor, e tudo o que existe aqui estão baseados no temporário, que tem início e fim. Esse estado mental, psicológico, está nos bloqueando e nos impedindo de religar com o divino. Mas isso não quer dizer que não possa ser resolvido.

Lendo os Sinais

Apesar do ser humano viver assim por milhares de anos, no tempo atual está acordando. A consciência coletiva de toda a Humanidade está despertando, sentindo, talvez de maneira intuitiva, que algo novo está acontecendo. A Kabbalah, o Zohar, e outros fatores estão despertando a nossa consciência, porque nossa geração faz parte dessa etapa da evolução.

Talvez seja nossa mente subconsciente que nos esteja enviando mensagens: Preste atenção, isso não é por acaso. Isso faz parte do processo da evolução do ser humano. Faça as conexões. Não perca o rumo...

E quanto menos resistência opusermos ao processo, menos consequências negativas sofreremos.

Estamos percebendo que ao longo do caminho aparecem sinais. O caminho não está escuro mais. A luz está brilhando e mostrando os sinais. Estamos passando de passageiros passivos a dirigentes. É necessário saber ler os sinais para nos conduzirmos à finalidade correta.

Imposição e Obrigação

Se alguém der uma ordem ao seu amigo, dizendo: Venha cá, faça aquilo! Talvez até o outro até faça o que o primeiro pediu, mas com um pouco de resistência e sem boa vontade.

Entretanto, se o primeiro se dirigisse ao seu amigo, explicando: Olha só, meu amigo: quero, junto com você, fazer uma coisa, um projeto onde tanto eu como você vamos ganhar. Assim, o primeiro estaria se colocando em outra posição e o segundo poderia aceitar as suas palavras com maior boa vontade, com mais consciência, sabendo para onde ia ser levado e qual é o motivo. Ele se tornaria parceiro do seu amigo e faria de bom grado, ou até ficaria animado pela proposta e se sentiria privilegiado por ter sido escolhido.

Da mesma forma, nós aqui na Terra, no sentido global, também queremos que alguém nos diga e que nos explique a finalidade da vida. E que nos informe como realizá-la corretamente. Então, o que poderíamos esperar de uma situação como essa que o ser humano vive, sem saber o motivo da sua existência? E sem ninguém a abraçá-lo e mostrar-lhe o caminho? Não é a toa que o ser humano se sente abandonado e mostra a sua confusão, frustração e medo, criando mais confusão e mais caos. Isso não quer dizer que a vida em si seja algo caótico. Há muita confusão sobre o objetivo de nossa existência. Como tratá-la?

São muitos os que encaram a vida com certa resistência, que se expressam através de reclamações, como, por exemplo, indo ao trabalho sem vontade. Como se fosse uma obrigação, cumprindo uma tarefa sem saber o motivo. Com certeza, isso cria muita frustração. Mas por que não encontram outra saída para pagar as contas? Por que existem contas? A ideia não foi oferecer trabalho e salários a todos para ficarem mais livres?! Não foi esse o motivo principal desse sistema?

Nos relacionamentos pessoais também fazemos muitas coisas sem vontade. Qual o motivo de fazermos o que não queremos? Será que Deus, que foi visto como autoridade absoluta, está nos obrigando a isso?

Talvez, na Idade Média as pessoas estivessem acostumadas com imposições: Deus manda dar o dízimo para entrar ou comprar uma porção do Paraíso. Deus te obriga a fazer tal coisa, a rezar tantas vezes por dia. Deus ordena isso, Deus ordena aquilo.

Mas, hoje, o fator da obrigação ou imposição de Deus deixou de existir. Então por que o ser humano ainda se mostra tão obsessivo e compulsivo em suas atitudes e comportamentos no dia-a-dia? Onde está a tão esperada liberdade que se prometia?

Escravo e Senhor

Antigamente, havia escravos que pertenciam a um senhor, a quem deviam obediência total. E trabalhavam de sol a sol para satisfazer a vontade suprema desse dono.

Hoje, o trabalho também se tornou algo compulsivo e muita gente se sente escrava. Talvez tenhamos nos tornado escravos de nosso trabalho.

Porém não há mais atitudes sociais de dono e escravo.

Então por que nos sentimos escravos? A resposta é que, na verdade, a escravidão não é algo físico, não é algo externo. Escravidão depende de nossa consciência, do nosso estado mental. Quando o lado consciente, que depende do mundo físico e das informações que recebe de lá reprime a consciência divina da alma e cria o subconsciente afastado e escondido, ele se torna nosso novo dono e de forma totalitária. Não precisa saber por quê! Ele diz: Continue fazendo, trabalhando, vivendo, matando e se matando, morrendo...

Felizmente, a evolução da consciência humana e o amadurecimento espiritual nos permitem, agora, ampliar nossa inteligência divina para uma inteligência iluminada, que está livre de dependências e não suporta o apego ao mundo da matéria. Ela não tolera mais ignorância nem escravidão.

O escravo é quem abandona a sua confiança e sua fé nas mãos do outro. Nós nos abandonamos.

Rabino Joseph Saltoun

Recuperar a Verdadeira Fé

Fé na Própria Essência Positiva

A fé que a Kabbalah quer enfatizar não é a fé cega em um Deus invisível. Isso faz parte da escravidão do ser humano à sua própria ignorância. A Kabbalah não diz: Tem que acreditar na existência de Deus!

O importante é que o ser humano não perca a fé em sua própria essência positiva e divina.

Qualquer pessoa pode estudar a Kabbalah, até um ateu. Mas quem perde a fé na essência divina do ser humano e diz que o ser humano é ruim, e apenas mau na sua essência, talvez seja um caso perdido. Porque perdeu a fé em si mesmo.

A Kabbalah baseia-se no fato de que o ser humano, na sua essência, é bom. A bondade é a nossa essência. Talvez, ao longo do tempo, muita confusão tenha sido criada e tenhamos nos esquecido disso. Mas agora é hora de acordarmos, de consertar o errado, de reconhecermos os erros do passado para tentar corrigir e melhorar o futuro.

Consciência Atemporal

A matéria é uma condensação de energia. Por este motivo, qualquer matéria, através do fogo ou de algum processo químico, se transforma em energia, ou seja, libera energia. De onde veio essa energia que se condensou e criou a matéria?

No mundo espiritual, isso também aconteceu. O nosso corpo veio do 'pó da terra'; e até o pó da terra também veio do mundo espiritual.

Tudo é vivo. A morte é uma ilusão; o fim é uma ilusão. Estamos aqui para enfrentarmos isso, para começarmos a reeducar nossa mente e nossa consciência para pensar em termos atemporais.

Temos que abrir e expandir a nossa consciência para começarmos a pensar além do corpo. Porque, para o leigo, para a pessoa comum, a vida começa com o parto, com o bebê, com o corpo. E acaba quando o corpo morre.

A Kabbalah diz que não é assim, que além do corpo temos uma essência energética que pode ser chamada de alma, espírito, não importa o nome. O que importa é o conceito de que possuímos uma inteligência divina que está nos acompanhando por várias vidas. Talvez alguém tenha trinta ou sessenta anos de idade fisicamente, entretanto, é o corpo que tem trinta ou sessenta anos, pois a alma pode ter milhares de anos de idade.

Ao nos reeducarmos, é bom começar a pensar em termos atemporais, bem além da visão restrita, fechada e limitada com a qual fomos educados e treinados a pensar. Nossa educação apresenta fortes reflexos da física clássica, mas, nos dias de hoje, até esse ramo do conhecimento está mudando, como tudo nessa Era de Aquário.

Relembrando Uma Decisão

Depois do Tsimtsum, cada Recipiente surgiu como uma deidade, ou seja, um Criatura/Recipiente relativo. E como foi dito anteriormente, por causa do Pão da Vergonha, o Recipiente bloqueou a entrada da Luz: Não quero receber a Luz, a não ser que eu possa compartilhar.

Ou seja, no momento da Contração, o livre-arbítrio do Recipiente permitiu que ele tomasse uma decisão e impusesse essa condição que, para nós, hoje, é uma regra cósmica que temos de seguir.

Temos que aceitar o fato de que a necessidade de compartilhar do ser humano não depende mais da nossa vontade, porque foi uma escolha feita quando éramos o Recipiente. Nossa consciência mais elevada decidiu não receber a Luz sem compartilhá-la.

Muitas pessoas irão reclamar: Mas por quê? Não quero compartilhar; isso me incomoda.

Estas pessoas têm que lembrar que não foi Deus, o patrão, ou o governo, que nos mandou compartilhar. Fomos nós mesmos que tomamos a decisão de querer compartilhar e depois esquecemos. Estamos rompendo, através da Kabbalah, essa amnésia, esse bloqueio mental, para começar a relembrar a decisão que foi nossa escolha.

O propósito da Kabbalah não é o de ensinar nada que seja novo, para depois convencer todo mundo que seja a verdade, mas principalmente de ajudar todos a recordar o que já sabemos, mas esquecemos. Esquecer não é ruim. Não querer lembrar é que não é bom.

A Relatividade em Ação!

Ao lembrarmos o que aconteceu nos níveis espirituais da consciência humana divina, conheceremos o procedimento que levou à manifestação da Criação, para agirmos em harmonia com a vontade divina, que afinal é nossa própria vontade original, apesar de esquecida e abandonada.

O primeiro nível que apareceu depois do Tsimtsum foi o que chamaremos de efeito. Ou seja, a causa foi o Recipiente no Infinito, que passou pelo Tsimtsum e que deu origem ao efeito. E qual foi o efeito?

O efeito do Tsimtsum foi um Recipiente, que deixou de ser infinito e passou a ser limitado – com desejo de receber limitado, e desejo de compartilhar também limitado. Isso foi acontecendo gradativamente, passo a passo, até que surgiu o mundo físico, como dito anteriormente. A energia cósmica pura foi ficando tão condensada que surgiu a matéria e o 'corpo'.

Para que o corpo permanecesse vivo surgiu também a força de compartilhar da Luz, que é a alma, e que mantém o corpo vivo. Porque, sem a alma, o corpo não teria força para viver e morreria.

A ciência não ensina a aplicar as leis da natureza ao quotidiano do homem comum, enquanto que a Kabbalah faz isso diretamente. O enfoque dado pelos sábios da Kabbalah à Teoria da Relatividade e Einstein é um exemplo dessa diferença.

Para a Kabbalah o ser humano também faz parte da relatividade. A teoria da relatividade não é só um fator importante para a contagem do tempo e medir anos-luz no universo. É fundamental para o ser humano também. Afeta nossa consciência e nossa vida. Como?

Vamos estabelecer uma série de níveis a partir do Tsimtsum até chegarmos ao mundo da matéria.

Quando houve o Tsimtsum, o Recipiente saiu do Infinito e apareceu um novo Recipiente que não era mais infinito. Em termos da Kabbalah, Ele criou o Recipiente seguinte. Esse novo Recipiente por sua vez também passou por mais um grau de Contração e causou o aparecimento de (ou criou) outro Recipiente menor do que ele. Esse processo se repetiu por muitas vezes até surgir o mundo da matéria com suas criaturas físicas.

Podemos numerar o primeiro Recipiente que apareceu depois do Tsimtsum, como o primeiro nível – ou seja, Número Um, Ele é um Recipiente-efeito, ou Criatura, com relação ao Infinito, mas é um Recipiente-causa, ou Criador, com relação ao nível inferior – Número Dois, ao qual ele deu origem e causou seu aparecimento. Esse mesmo Recipiente-efeito (Criatura) do nível dois passa a ser considerado Recipiente-causa (Criador) com relação ao nível três, abaixo dele. E assim por diante.

Em outras palavras, o Recipiente que está em qualquer nível superior ao outro é considerado Recipiente-causa, ou Criador, com relação ao nível inferior a ele. Porém, é considerado Recipiente-efeito, ou Criatura, com relação ao nível superior a ele. Tudo é relativo e depende da funcionalidade de um Recipiente com relação a outro. A Luz, que era o Criador Absoluto no Infinito, não afeta mais esse procedimento porque o Tsimtsum, que causou a criação do mundo finito, foi uma decisão do Recipiente.

Os Recipientes são criaturas divinas com consciência de Desejo de Receber somente para compartilhar. É chamado de Inteligência Divina ou Cósmica. E assim, podemos constatar que, em todas as dimensões energéticas e metafísicas, existem Recipientes com inteligência divina. São chamados de deidades.

Um Sistema que Funciona Além do Ser Humano

Fica claro como fomos condicionados a pensar em um Deus só, como um ser absoluto, que criou, em um dia específico, os céus e a terra, de maneira absoluta. Enquanto a Kabbalah descreve outra maneira de enxergar a realidade divina.

Foi nossa consciência robótica, mecânica e limitada, que causou a distorção da visão do mundo e do Universo e que nos levou a encarar a Criação dessa maneira. E as religiões se estagnaram, enfocando tudo de forma absoluta, canonizada, dogmática e fechada.

O ser humano, a natureza, a vida – todos são forças dinâmicas que estão constantemente mudando. Precisamos sempre nos desenvolver e evoluir; não pode haver estagnação. Isso é contra o ser humano, contra o Universo, contra a vida, contra a natureza.

Hoje em dia, depois de milhares de anos de existência das religiões, a maior parte da humanidade não acredita em Deus, e infelizmente os que acreditam entram no fanatismo.

Há um grande desequilíbrio: descrença ou fanatismo. Os dois levam o ser humano à total indignação. Porque as religiões são algo superficial, criado pelo Homem. São como as leis do sistema judiciário também criado pelo homem, que se tornou um ser muito egoísta.

Por exemplo, se alguém que ocupa hoje um cargo importante no governo tem interesse em criar uma lei, faz isso tranquilamente. Depois de alguns anos, vai surgir outro grupo com outros interesses: Não, essa lei não nos serve, vamos mudar a lei. Assim funciona o sistema superficial da justiça, e todos sentem frustração perante as leis, perante o governo, perante uma autoridade qualquer. Porque se trata de algo muito superficial e hipócrita, nada divino ou atemporal.

Será que existe um sistema perfeito que funcione além da hipocrisia e interesses pessoais do ser humano? Existe, sim. É o sistema divino.

Estamos aqui para aprender como funciona o sistema divino. Para aplicar uma lei divina – além da lei corrompida pelo ser humano egoísta – à nossa vida.

Autolibertação

Quando o ser humano se liga à matéria esquecendo que existe o mundo espiritual, ele se torna escravo da matéria, da ilusão e de seus próprios impulsos obsessivos e obcecados. Começa a brigar, a matar por causa de terras, de dinheiro, de poder. Aí reside o perigo do mundo da ilusão, que faz com que nossa consciência se torne escrava do materialismo.

O mundo da matéria, mesmo sendo uma ilusão e uma dimensão temporária, é importante e também necessário para o crescimento e a evolução do ser humano. Mas também pode ser uma armadilha.

A escravidão não é algo físico. Talvez formal, oficial e fisicamente, a escravidão tenha sido extinta em nosso mundo. Mas, mentalmente, nossa inteligência, que se originou no divino, ainda é considerada escrava do mundo da matéria. Contudo, a próxima etapa da evolução da consciência humana é atingir a autolibertação.

Autolibertação não é o evento da comemoração da independência de um país ou de um povo. Estamos falando de uma autolibertação do apego obcecado pelo mundo da matéria e à ilusão.

Porque o Mundo da Matéria existe?

A matéria também tem inteligência. Ela faz parte do Desejo de Receber que passou pela Contração. Na verdade, ela representa a última fase do procedimento do Tsimtsum. É a manifestação completa do Recipiente que rejeitou toda a energia, toda a Luz. Desta forma, quando estabelecemos contato físico com a matéria, sentimos um pouco de prazer, mas logo depois a energia acaba, a luz se extingue e a matéria perde seu valor.

Com o dinheiro acontece a mesma coisa. Casa, carro, tudo traz prazer para nós. Mas por quanto tempo? Parece que quanto mais ganhamos, mais infelizes ficamos. Por quê? Não tem lógica. Se a vida gira em torno do dinheiro, então o dinheiro deveria trazer toda a bondade, saúde, felicidade. Mas constatamos que, na prática, quanto mais dinheiro possuímos, mais brigas, mais inveja, mais ciúmes, mais problemas surgem em nossa vida. Então, há algo errado, mas não com o dinheiro em si.

Ocorre que, quando retiramos a luz do dinheiro ou da matéria, ele se torna um elemento muito negativo. Ou seja, passa a ser expressão do desejo egoísta do ser humano. É a expressão do Desejo de Receber para si – sem compartilhar, nem refletir a essência da Luz e da energia Cósmica espiritual.

Esse é o ponto mais crítico. Porque é um momento de escolha e de praticar o livre-arbítrio: sucumbir ao Desejo do Receber para si, e cair na armadilha - ou não! Criar curto-circuito ou exercer autocontrole e Restrição para libertar-se.

O Circuito Cruel do Curto-Circuito.

E, assim, temos na terra seis bilhões de seres humanos que sentem todo dia algum tipo de falta e de ausência.

Todos nós acordamos, abrimos os olhos e temos pensamentos como: Estou com fome - preciso comer! Estou com sede – preciso beber água! Estou pobre - preciso dinheiro. Sou sozinho – preciso parceiro! Estou atrasado – preciso chegar ao trabalho! Preciso fazer compras. Preciso! Preciso!

Esse é o desejo com qual acordamos todo dia, querendo receber para nós mesmos.

Quero receber só para mim, não quero compartilhar com ninguém. Não quero dar preferência no trânsito. Não quero deixar o outro me passar. Não quero abrir a mão. Não quero, não quero. Quero para mim, para mim, para mim!

Na escola, também, somos estimulados a isso: Tenha ambição, batalhe, lute, você precisa de dinheiro! E, assim, todos passamos nossos dias criando mais Pão da Vergonha e, pior do que isso, causando um verdadeiro curto-circuito. Porque até quem quer cumprir seus compromissos e tarefas do dia é motivado principalmente, e sem saber disso, pelo Desejo de Receber para si. É um ciclo cruel e sem saída!

Mesmo tentando achar um atalho para chegarmos mais rápido ao nosso destino – sempre sentimos que estamos 'atrasados' na correria da vida.

E tudo é feito com boas intenções. Como diz o ditado: O caminho para o inferno está cheio de boas intenções!

Tentar 'cortar' o processo e chegar mais rápido cria o curto-circuito. O preenchimento instantâneo e imediato do prazer, motivado por um Desejo de Receber compulsivo e sem controle, gera curto-circuito. Por outro lado, o caminho que parece mais longo e demorado, o da Restrição, cria o circuito necessário do Desejo de Receber para compartilhar. Essa é a fórmula para gerarmos a Luz e recebermos o tão desejado prazer em nossa vida.

Entender o Divino

Deus - Elohim

Retornemos ao assunto da relatividade e do termo Deus, que, como vimos, descreve uma deidade relativa, que pode ser, dependendo do ponto de vista, tanto Criatura, quanto Criador.

Para continuarmos a estudar o divino é necessário voltar à língua original em que a Bíblia foi escrita – hebraico. E na versão hebraica o que é considerado Deus e foi traduzido assim, aparece na forma de vários nomes. Por quê? Se Deus é único e não há outro, então por que precisa de muitos nomes diferentes?

Para os sábios da Kabbalah não são atributos ou apelidos da mesma entidade, e sim nomes de entidades divinas diferentes. Conforme explicado antes, depois do Tsimtsum surgiram diversas entidades divinas que faziam parte do Recipiente no Infinito e agora aparecem separadamente. Cada entidade tem seu próprio nome, que define sua nova identidade e especifica funcionalidade na nova dimensão da existência. E cada nome define também a capacidade do Receber de cada um dos novos Recipientes que surgiram depois do Tsimtsum, já que não é mais infinito.

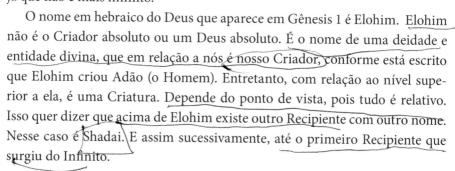

O nome em hebraico do Deus que aparece em Gênesis 1 é Elohim. Elohim não é o Criador absoluto ou um Deus absoluto. É o nome de uma deidade e entidade divina, que em relação a nós é nosso Criador, conforme está escrito que Elohim criou Adão (o Homem). Entretanto, com relação ao nível superior a ela, é uma Criatura. Depende do ponto de vista, pois tudo é relativo. Isso quer dizer que acima de Elohim existe outro Recipiente com outro nome. Nesse caso é Shadai. E assim sucessivamente, até o primeiro Recipiente que surgiu do Infinito.

Por que Elohim criou o Homem?

Desde os tempos mais antigos da humanidade temos essa dúvida em nossa mente: Por que Deus nos criou? Para quê?

Agora que estabelecemos um contato primário com o divino, conhecendo o nosso Criador direto por Seu próprio nome, já não é mais um grande mistério como era no passado, e podemos investigar essa pergunta com uma cabeça mais livre e menos limitada, fechada ou confinada por temor e medo do divino.

Lembramos que o propósito principal do Recipiente no Infinito, ao passar pela Contração, foi libertar-se da sensação do Pão da Vergonha. Elohim é mais um Recipiente da série de Recipientes que surgiram do Infinito. O Desejo de Elohim também faz parte desse propósito coletivo de todos os Recipientes.

Quando a Bíblia descreve a forma como Elohim criou o Homem, ela descreve o processo da incorporação da consciência divina de Elohim dentro de um corpo de Homem. Porque a finalidade de todo o processo do Tsimtsum foi a de criar um mundo físico, limitado e escuro, onde a Luz é rejeitada completamente. É o mundo da matéria que manifesta esse propósito. E Elohim quis manifestar-se fisicamente para entrar no mundo da escuridão e começar a transformar o Desejo de Receber d'Ele e de todos os outros Recipientes, em Desejo de Compartilhar. Portanto, a manifestação física desse propósito gerou a criação do Homem.

Elohim é também um código que alude à nossa divina consciência coletiva. Elohim materializou-se e incorporou-se dentro do mundo físico, gerando os seres humanos.

Para quê? Por quê?

Simplesmente para eliminar o Pão da Vergonha e receber a Luz. Em outras palavras: Elohim criou o Homem para ajudá-Lo nessa missão cósmica. Porque sem o Homem, que é a última etapa do Tsimtsum e da condensação da energia em matéria, nem Elohim nem todos os outros Recipientes esperando pela Luz, vão conseguir recebê-La. Exercer o livre-arbítrio corretamente é a chave para tudo. O destino de todo o Universo e suas Criaturas, sejam divinas ou mundanas, depende disso.

Lamentavelmente, essa verdade básica e fundamental para o Universo, permaneceu na obscuridade por milhares de anos.

Elohim e a Natureza Divina

Em hebraico o valor numérico ou Gematria da palavra Elohim é igual ao da palavra natureza. A Gematria é um método da Kabbalah que transforma cada letra hebraica em um valor numérico. Pode ser associada à Geometria Sagrada.

São métodos espirituais utilizados para entender um nível mais profundo e oculto da criação. O que não aparece claramente na superfície ou na percepção imediata dos cinco sentidos, pode ser medido e calculado usando o sistema dos números. No caso da Gematria, o método segue um sistema onde cada letra tem um determinado valor segundo o seu local do alfabeto hebraico.

Elohim se escreve em hebraico assim – אלהים. A soma do valor numérico das letras é 86, conforme o seguinte:

א– Alef =   1
ל– Lamed = 30
ה– Hei =   5
י – Iud =   10
ם– Mem =   40
Total =   86

Em hebraico, Natureza se escreve assim: הטבע – Hatêva,
ה – Hei = 5
ט – Tet = 9
ב – Beth = 2
ע – Áin = 70
Total =   86

Nesse caso, o sábio da Kabbalah, o Rabino Ashlag, nos ensina que Elohim representa a força interna e oculta da Natureza. É a essência divina da Natureza. Isso significa que apesar de nossos cinco sentidos fazerem uma separação entre o que é percebido por eles como as forças físicas e a essência da Natureza, a Gematria nos ajuda a transcender essa separação e enxergar a ligação espiritual entre esses dois conceitos. Em outras palavras, podemos dizer que Elohim é a 'alma' da Natureza, enquanto as forças físicas dela, percebidas por nós como chuva, neve, montanhas, rios, tempestades, etc., representam a manifestação física dessa alma – ou seja, o seu 'corpo'.

Assim, começa a nossa ligação ou 're-ligação' com o divino. O divino não é algo afastado, distante, remoto. O divino está aqui, na Natureza. Nossa mente subconsciente sabe que não existe uma separação.

A aparente separação faz parte do mundo da fragmentação e é uma expressão de nossa ignorância. Por desconhecer nossa mente subconsciente nós nos tornamos inconscientes da realidade verdadeira. A Gematria é um instrumento que tira uma camada dessa ignorância e afasta o véu que esconde o mundo da verdade. Ela ajuda a pessoa inconsciente a unir a sua mente subconsciente com a consciente. É a primeira etapa de autoconscientização.

O Primeiro Degrau

Para começarmos o 'retorno' e a 'subida' ao Infinito, de onde viemos, temos que dar o primeiro passo. Mas onde está a escada? E onde será que começa o primeiro degrau da escada para subirmos?

O primeiro degrau é Elohim. É o contato imediato e direto com o divino que se manifesta numa forma física e palpável. A ascensão espiritual começa com a percepção pelo ser humano da divina sabedoria na Natureza. Nada acontece por acaso e sem motivo. A Natureza não é uma força cega. Ela é motivada pela consciência divina de Elohim. Para entendermos melhor a Natureza e a natureza do Homem, é fundamental entender Elohim. Uma vez que o ser humano saiba como interagir corretamente com Elohim, e der primeiro passo para subir o primeiro degrau, o restante do caminho será mais fácil. A primeira etapa é a mais difícil.

Uma Verdadeira Transformação

A primeira dificuldade que encontramos é sair da consciência robótica. É difícil porque é inconsciente. Nosso subconsciente já ficou 'condicionado' em pensar e agir de uma forma determinada, e está fora do nosso controle na maioria dos casos.

Para retomarmos o controle, a palavra chave é 'Restrição'. Isso significa transformar a reação ou a consciência robótica e egoísta em consciência divina e cocriadora. Tudo depende do estado da consciência, absolutamente tudo. Quando o ser humano começa a transformar seu desejo egoísta em desejo de compartilhar, está fazendo a restrição.

Por exemplo: uma mãe que está muito ocupada com o trabalho quando seu filho vem chorando pedindo atenção. A mãe pensa: Não tenho tempo, estou muito ocupada! Mas, de repente, ela percebe: É o meu filho, preciso dar atenção e ele. E, assim, a mãe sai da obsessão com o trabalho e começa a compartilhar com o seu filho. Depois, ela até pode chegar a pensar: Mas como quis abandonar o meu filho? O que é mais importante?

A maravilha é que depois de fazer a Restrição, tudo e todos ficam mais calmos; a mãe, o filho, a até o compromisso do trabalho que parecia insuportável antes, fica mais leve. Como assim?

Ao exercer a restrição, saímos do circuito do positivo e negativo e criamos o filamento que afasta a causa (Luz) do efeito (Recipiente), exatamente como foi feito no Infinito. A Restrição nos religa com uma nova dimensão onde há uma sensação do atemporal. O atemporal é a fonte de paciência, tolerância e harmonia.

O paradoxo é que, quando dou tempo ao outro, recebo mais tempo para mim. Por exemplo, se um amigo ou um colega me pede ajuda, justamente num momento em que estou muito envolvido com outro projeto importante que consome todo o meu tempo, e estou com muita pressa para terminar, posso pensar: Deixe-me em paz, você não percebe que estou superocupado e não tenho tempo para ninguém, nem para mim? Ou, então: Trata-se de meu amigo, tenho que ajudá-lo, vou parar o que estou fazendo e oferecer ajuda. Assim, minha decisão é abrir mão de meu interesse pessoal para ajudar o outro, para compartilhar com o outro, o que não é fácil naquele momento: é um ato de Restrição, uma transformação de consciência.

Depois de ter ajudado meu amigo, posso até chegar a perceber um fato interessante: Olha só, eu estava sem paciência cinco minutos atrás, e agora sinto que tenho todo tempo do mundo. De onde veio esse tempo extra? Existe alguém que venda tempo, paciência ou tolerância? Onde posso adquirir essa energia positiva e tão preciosa?

O Humano Divino

Quando o ser humano perde o divino, perde também o seu lado humano. E, ao resgatar o divino, o humano se torna divino e o divino se torna humano. Ou seja, Elohim se torna humano e o ser humano se torna Elohim. Para que o ser humano seja Humano, tem que resgatar primeiro a sua consciência divina.

E em seguida realizar e praticar sua consciência divina em forma humana.

A principal atitude que afasta o ser humano da sua essência divina é o julgamento e a crítica do outro. A crítica afasta o ser humano do seu amigo, e faz com que pense ser melhor do que o outro. Ao invés de unir e juntar os Recipientes fragmentados, a crítica cria mais afastamento e fragmentação.

Mas, quando o ser humano retira esse bloqueio, pode participar ativamente do jogo da vida. Somos os principais jogadores da vida, e não espectadores que ficam criticando a vida como se fosse um teatro. Tampouco somos juízes. E, assim, acontece a integração do ser humano ao jogo da vida, onde o ser humano passa a participar ativamente do Universo e deixa de ser apenas um espectador e crítico.

Não se fala sobre um super-humano. É nossa natureza de agir e viver assim.

O Jogo da Vida

Quando se deixa de ser espectador passivo, crítico e cínico, e se assume a responsabilidade pela vida, ou em outras palavras, entramos no jogo da vida, o ser humano vira um jogador ativo que se importa com o resultado. No final, o jogo é sua vida.

Como dito antes, o papel do ser humano é ajudar Elohim a receber a Luz sem Pão da Vergonha. Ou em outras palavras, ajudar Elohim a aliviar-Se do 'Complexo da Inferioridade' que Ele sente em relação à Luz Infinita que é o Criador Absoluto, e transformá-Lo em um Criador mesmo que seja relativo.

Nessa situação Elohim atinge afinidade com a Luz Infinita e sente igual a Ela. E ao realizar isso, a Luz entra no Recipiente de Elohim, de maneira positiva.

Consequentemente, ao receber este preenchimento de prazer e satisfação, Elohim, a Natureza, fecha o circuito e transmite a nós, ou seja, vai compartilhando conosco benção, saúde, harmonia, paz, abundância, prosperidade e tudo que almejamos. Esse é o segredo de saber como Receber.

Então, ao invés de sentir-se alienado da vida e da natureza, e até ameaçado por elas, o ser humano integra-se às forças da vida para retomar sua posição e seu papel no universo.

Lembremos que a Kabbalah não revela nada que nós já não soubéssemos. Ela só nos ajuda a acordar e abrir os olhos para enxergar a realidade de uma forma clara e não confusa.

Alternativa Não-Alternativa

Por outro lado, há a possibilidade de que o ser humano não entre no jogo da vida, não aceite seu papel e não interaja com Elohim e com todas as deidades divinas nessa estrutura magnífica. Contudo, essa escolha gerará curtos-circuitos. Como assim?

O ser humano tem a possibilidade de usar mal o seu livre-arbítrio e fazer com que Elohim receba a Luz, mas com o *Pão da Vergonha*. É um comportamento onde o ser humano impõe seu desejo e obriga a Luz a entrar em *Elohim*. Mas, *Elohim*, ao contrário do ser humano, não irá participar dessa atitude e cortará seu relacionamento com ele. Porém, como o ser humano ativou o seu desejo de receber sem compartilhar, isso faz com que uma parte pequena da Luz entre em *Elohim* e nele também. Essa Luz, que é revelada e entra no Recipiente, causa curtos-circuitos para os dois.

Antes de cortar totalmente os relacionamentos com o ser humano, essa energia cósmica revelada por ele e que tinha entrado em Elohim como curto-circuito, é refletida ao homem em forma de pestes, pragas e catástrofes que vêm pela Natureza. Elohim reage pelas forças da Natureza. Esse é o outro lado da moeda!

Não adianta culpar o outro e tentar escapar. É a hora de despertar e começar a retomar nossa posição na história humana, para sair desse ciclo cruel, vicioso, de autodestruição e autoaniquilamento.

Temos que ajudar a Natureza, Elohim, a receber a Luz; desta maneira receberemos mais Luz. E, assim por diante, ao entrarmos no circuito da Luz e continuarmos a subir para outro nível, O ajudamos a receber a Luz. É o circuito da vida.

A criatura mais baixa, inferior – o ser humano – é o Criador do Universo, a Causa que ajuda todos os outros Recipientes e receberem a Luz sem o Pão da Vergonha.

Complexo de Inferioridade/Superioridade

Por que o ser humano é tão complexo? E por que acaba complicando sua vida, se tudo é tão simples?

Como vimos antes, em termos psicológicos, podemos traduzir a sensação do Pão da Vergonha como o complexo de inferioridade. Então inconscientemente, o ser humano é motivado por esse complexo. Ele tem duas opções: ou transformar a causa principal do complexo, que é o Desejo de Receber para si em Desejo para Compartilhar e curar-se desse complexo, ou desenvolver outro complexo, que é o de superioridade e até chegar ao estado de Megalomania..

Termos como 'raça superior', 'grupo elite', 'povo eleito' e outros são bem conhecidos em nossa história e vida social. É uma forma perversa e distorcida de compensar o complexo da inferioridade e fugir dele tentando parecer superior ao outro. Os sistemas de governo, seja a monarquia, o imperialismo ou o totalitarismo – são todos tentativas do ser humano governar e dominar o outro pela força e escravizá-lo.

É uma tentativa fútil e destrutiva, porque vai contra a lei básica da criação que é o livre-arbítrio. Todos esses sistemas são condenados a desaparecer, mesmo depois de milhares de anos de domínio.

Megalomania é quando o ser humano alega e finge ser Deus ao invés de simplesmente ser Deus.

Reprimir o outro é uma consequência de reprimir nossa própria consciência divina. Essa atitude cria o subconsciente, que é, afinal, Elohim reprimido e escravizado.

Outros Elohim

O que significa: outros Deuses? E por que Deus, que é único, precisa ordenar ao ser humano: Não terás outros Deuses (lit. outros Elohim) além de Mim [Êx. 20:3].

Quando o ser humano age de uma forma perversa e negativa, acaba puxando a Luz e o prazer com força, impondo o seu desejo a Elohim. Essa atitude totalitária e dominante faz com que Elohim receba a Luz mesmo sem querer. Assim nascem os outros Elohim, que são forças e entidades da escuridão, geradas pelo curto-circuito.

O mal não tem existência própria, e nem foi criado pela Luz. É criado pelos próprios atos do ser humano. E só ele é capaz de desfazê-los.

Amor/ódio

Todo mundo ama o preceito de "amar ao próximo como a si mesmo", mas, na prática, poucos o aplicam. Temos boas intenções, mas na prática falhamos – por quê? Porque sentimos que existe mais ódio no mundo do que amor?

Para praticarmos esse preceito divino e sentirmos igualdade ao outro ser humano, que é a essência da dignidade e do autorrespeito, temos que primeiro entender o significado do amor.

Segundo a Kabbalah e as leis cósmicas da Criação, amor significa afinidade entre o Recipiente e a Luz, enquanto ódio significa afastamento e falta de afinidade entre os dois. Só o ser humano é capaz de corrigir essa situação.

Infelizmente, existe uma confusão emocional e mental em relação ao amor. Muitas pessoas 'amam' o outro, mas esse amor é resultado de carência emocional e acaba se expressando como apego e dependência emocional, e até pode chegar a ser uma obsessão, dominando e reprimindo o outro para sentir-se superior. É uma situação de simular o amor ao invés de simplesmente amar.

O amor verdadeiro e divino vem quando o ser humano ajuda Elohim, ou qualquer outro Recipiente divino, a atingir afinidade com a Luz Infinita. E quando isso acontece e o Recipiente é igual à Luz, que é um estado de amor, a energia do amor então flui e chega ao ser humano, porque foi ele quem a gerou.

Religar

Sistema de Comunicação Intergaláctico

Toda civilização necessita um sistema de comunicação para conversar e falar, transmitir e receber informações. Sem esse sistema não haverá fluxo de informação, e isso, por sua vez, preveniria o avanço e a evolução daquela civilização e dos próprios membros dela.

O mesmo se aplica, inclusive, ao corpo humano, que também precisa de um sistema de comunicação que passe a informação e se comunique com seus membros. O sangue é o elemento mais ativo nisso, pois mantém o fluxo da informação e passa por todos os membros, tecidos e células para cumprir essa missão. E tudo mundo sabe o que pode acontecer se houver um bloqueio no sangue: colapso total do sistema!

Será que isso foi responsável pela queda e pelo colapso das civilizações da antiguidade? O que podemos aprender delas para não sofrermos as mesmas consequências de novo?

A Torre de Babel

Lemos na Bíblia [Gênesis 11: 1-8]

"No mundo todo havia apenas uma língua e um só modo de falar. Saindo os homens do Oriente, encontraram uma planície em Sinear e ali se fixaram. Disseram uns aos outros: 'Vamos fazer tijolos e queimá-los bem'. Usavam tijolos como pedras e piche como argamassa. Depois, disseram: 'Vamos construir uma cidade, com uma torre para que seu cume alcance os céus. Assim nosso nome será famoso e não seremos espalhados pela face da terra".

"O SENHOR (Adonai) desceu para ver a cidade e a torre que os homens estavam construindo. E disse o SENHOR: "Eles são um só povo, falam uma só língua e começaram a construir isso. Em breve, nada poderá impedir o que planejam fazer. Venham, desçamos e confundamos a língua que falam, para que não entendam mais uns aos outros".

"Assim o SENHOR os dispersou dali por toda a terra, e pararam de construir a cidade. Por isso foi chamada Babel, porque ali o SENHOR confundiu (heb. Bilbél) a língua de todo o mundo. Dali, o Senhor os espalhou por toda a terra."

Apesar da descrição relativamente detalhada desta história, ainda restam muitas dúvidas. Na verdade, existem mais dúvidas do que respostas ou esclarecimentos. Com certeza, estamos tratando com uma narrativa de alta importância, porque se trata do berço da humanidade e da nossa cultura e civilização como as conhecemos hoje. A Bíblia contém códigos além do entendimento imediato, que ficam ocultos em seus segredos. Porque superficialmente, podemos tratar essa história, além de muitas outras, apenas como contos de fada, que não têm relação alguma com a realidade.

A Língua Sagrada

Utilizando o princípio que a Bíblia é um código, o Zohar nos informa que a expressão Bíblica de 'apenas uma língua e um só modo de falar' alude à Língua Sagrada – hebraico. Ou em hebraico, Lashón HaKôdesh, que significa literalmente a Língua da Santidade.

O que quer dizer 'Santidade'? Todos conhecem a Terra Santa, o Espírito Santo. Mas o que significa santo ou sagrado?

Kadósh, sagrado em hebraico é um código que alude a um circuito que permite à Luz, ou à energia cósmica, fluir e circular livremente num sistema de três Colunas, a da direita, a da Esquerda e a do Meio. Em relação ao ser humano, é um processo de autotransformação livre e consciente. Em outras palavras, exercer o livre-arbítrio da Restrição e transformar o desejo reativo e compulsivo de receber sem controle, em um desejo divino de receber a Luz para compartilhar, é o que transforma o ser humano em um ser sagrado – um santo.

O constante processo de viver significa transformar-se. Isso é viver verdadeiramente. Algo vivo é algo que se transforma. Algo morto não muda mais. Fica estagnado, porque parou de transformar-se.

Assim, uma pessoa santa é alguém que está sempre vivo, transformando seu desejo de receber em compartilhar.

Ser santo é criar, conscientemente, um ciclo de energia que flua livremente entre a mente consciente e a mente subconsciente, entre o corpo e a alma, entre a Luz e o Recipiente, entre o desejo de receber e o desejo de compartilhar - tudo para curar a insanidade que a separação causa, e tornar-se são.

O Sistema da Pureza e o da Impureza

Sagrado significa: algo que gera Luz, que revela a Luz e onde a Luz circula. Exatamente como uma lâmpada. Segundo a Kabbalah, a lâmpada pode ser vista como sagrada, porque gera luz; mesmo sendo uma luz física, temos que lembrar que tudo vem da Luz Infinita, então a luz física é apenas uma fração do Infinito. Apesar de a lâmpada gerar luz, ela pode queimar-se. E, quando queima, sai do sistema da Luz e entra no sistema da escuridão. Em outras palavras, ela sai do sistema da pureza e da santidade, e entra no sistema da impureza e da escuridão.

O mesmo acontece com o ser humano. Quando ele entra no processo da autotransformação, gera e revela a Luz. Através do amor, do conhecimento, da paciência e da tolerância, a Luz pode fluir. Mas, se entrar e cair na armadilha do desejo egoísta, então queima, como a lâmpada.

A diferença entre a lâmpada e o ser humano é que ela não tem livre-arbítrio, funciona mecanicamente e a luz gerada é fixa. E afinal, ao passar de certo tempo, ela está predeterminada e condenada a queimar, enquanto o ser humano mereceu uma dádiva divina, o livre-arbítrio, que lhe permite aumentar e fortalecer o seu 'filamento', o que o ajuda a resistir cada vez mais ao negativo e transformá-lo em positivo. O fim, ou o "queimar" do ser humano não é predeterminado. A longevidade e a qualidade da vida dependem da Restrição aplicada.

Os sábios da Kabbalah, além do conhecimento que possuíam, serviam de exemplo, mostrando como lidar com a vida, com a esposa, com o marido, com o trabalho, no cotidiano. O que torna uma pessoa sábia é saber como gerar e compartilhar a Luz. Esse é o santo!

Se o ser humano não se transforma e continua a receber a Luz apenas para si mesmo, gerando curto-circuito, acabará por sair do sistema da santidade e da pureza, caindo no sistema da impureza e da escuridão.

Dono do destino ou vítima de circunstâncias

Ao exercer corretamente o livre-arbítrio, aumentar a resistência ao mal e fazer com que a Luz se revele no mundo, o ser humano torna-se a causa principal desse processo. Em outras palavras, torna-se Criador e dono do seu próprio destino.

Contudo, se não for assim, torna-se vítima das circunstâncias criadas por ele mesmo. Isso resulta em crises, catástrofes, e ao final, total colapso do sistema. Foi o que aconteceu na geração da torre de Babel.

A Linguagem da Luz

Qual seria a linguagem da Luz, do divino, de Elohim? Qual o idioma que Eles entendem?

Diz-se sempre que Deus entende todos os idiomas. Mas a dúvida existe: Porque então é necessário orar em certas línguas, como Latim, hebraico, etc.? E porque o divino criou a confusão da língua e dos idiomas?

Ninguém sabe onde Deus está, nem como se relacionar com Ele. Quando fazemos nossas orações, muitas vezes podemos chegar a pensar: Será que alguém está me ouvindo? Deus, se você está me ouvindo, bata na porta, faça algo para eu saber que você está aí! Não me deixe assim!

Deus não é algo distante, embora nosso ego nos diga: Eu quero alguém ali, quero sentir que alguém ali é responsável pelo mundo, pelo meu caos aqui!

O mundo da matéria está repleto de problemas, brigas, guerras. Mas é nele que existe a maior possibilidade da correção, de exercer o livre-arbítrio, e de passar completamente pela autotransformação. Nenhum extraterrestre vai entrar aqui no nosso mundo para fazer o trabalho em nosso lugar. Temos que acordar e perceber que o ser humano é o único responsável por tudo que acontece.

Existem outras inteligências extraterrestres espirituais, mas por serem sem matéria e corpo físico, elas têm menos livre-arbítrio do que o ser humano. De vez em quando, inteligências extraterrestres vêm ao mundo físico para praticar de certa forma o livre-arbítrio e até apoiar o ser humano a fazer as escolhas corretas. Mas elas vêm e vão sem que quase ninguém perceba.

Elas comunicam entre si e também com o ser humano. Mas tudo fica inconsciente e não percebido conscientemente. É o subconsciente, que é a manifestação da consciência fragmentada de Elohim dentro do ser humano, que absorve essa informação e a transmite ao seu consciente, às vezes em forma de intuição ou visões espirituais, como sonhos. Porém, sendo um processo inconsciente, não é sempre bem entendido. E as mensagens recebidas aparecem obscuras e confusas, o que faz o ser humano de comumente ignorá-las.

E aqui surge a dúvida: Será que existe um jeito de nos comunicar conscientemente com as deidades divinas que estão no universo paralelo?

Uma Língua Cósmica

As pessoas da geração de Babel eram muito evoluídas espiritualmente. Possuíam poderes mentais para dominar e controlar a matéria; até habilidades telepáticas. E desenvolveram um sistema de comunicação também muito evoluído, mais ainda do que temos hoje, apesar de toda a tecnologia da informática e da globalização.

A linguagem, ou a língua sagrada, que segundo o Zohar era falada por todos da geração de Babel, era uma língua cósmica. Talvez fosse hebraico ou aramaico, mas não o hebraico ou aramaico de hoje, ou de mil ou dois mil anos atrás.

A geração de Babel falava uma língua comum não só à Humanidade, mas também à todas as criaturas do Universo. É a linguagem do subconsciente. Essa língua é cósmica e consta de vibrações espirituais que reúnem frequências cerebrais, mentais e emocionais numa linguagem só, que é compreensível para a mente holística. É uma língua atemporal, transcendental e eterna que todas as criaturas entendem e vibram segundo suas frequências, transmitindo assim mensagens que transcendem as barreiras do tempo, cultura, idiomas, e outros bloqueios psicológicos. A mente fragmentada não tem recursos para

entender essa língua. É a língua da consciência iluminada.

Para exemplificar, vamos imaginar um cachorro. Será que o cachorro sabe português? Ou inglês? Se eu grito em tom zangado para o cachorro: Eu te amo! Vem cá, quero te dar um abraço!! Ele vai levar um susto e sair correndo, embora as palavras que usei tivessem um sentido intelectual positivo.

O que o cachorro entende, ou sente, é a vibração, a minha reação, os meus olhos, os meus movimentos. Por outro lado, se eu disser suavemente, com carinho: Ah, eu te odeio tanto! Vem cá. Eu te odeio, quero te matar, o cachorro não vai necessariamente entender o sentido intelectual das minhas palavras e vai sentir a vibração positiva que eu transmito. Assim, vai aproximar-se e me deixar abraçá-lo mesmo que eu queira machucá-lo.

Nossa mente intelectual já perdeu, quase totalmente, a capacidade de entrar em sintonia com a língua cósmica. É uma língua que gera comunicação de circuito energético fechado. Por isso, qualquer ser que seja; humano, animal, divino ou outro, que vibre na mesma frequência, entendê-la-á.

A geração de Babel usava essa língua de vibrações, e sabia como vibrar para entrar em sintonia e comunicar-se com o mundo espiritual e com todos os seres divinos no mundo atemporal.

Antenas de Comunicação

Segundo a Bíblia, o SENHOR (Adonai) desceu para ver a cidade e a torre. Por que precisaria descer? Se Ele está em todo lugar, onipresente, e pode ver tudo, por que a Bíblia está usando essa linguagem obscura, que não faz sentido?

A Bíblia sabe exatamente o que está dizendo. Nós é que não sabemos como interpretar as palavras, o código da Bíblia.

Aqui, o termo torre não se refere necessariamente a um edifício alto. A interpretação depende de como nosso consciente percebe a realidade, e como transmite em seguida, sua visão distorcida e fragmentada às palavras da Bíblia. Para uma pessoa que vivesse na Idade Média, uma torre seria uma construção de, no máximo, 100 metros de altura. Porque foi o alcance máximo da mente e da capacidade física daquela época. Para o ser humano moderno, é possível até imaginar uma torre de 800 metros de altura, ou mais ainda. Já que a intenção foi que 'alcance os céus'.

Mas para nós, na idade de tecnologia, transmissores e estações emissoras, além de imaginar um edifício, podemos também imaginar o fato que fosse uma antena para comunicação. Não é a toa que colocamos antenas em cima de todas as torres que edificamos.

A intenção da geração de Babel não era a de construir apenas edifícios, casas ou torres físicas.

Está escrito na Bíblia; "... para que seu cume alcance os céus." Sabemos que o cume de nenhum edifício físico poderia chegar aos céus - literalmente.

"Aos céus" não se refere à dimensão ou altura física dos céus. Refere-se à inteligência divina e extraterrestre. Eles sabiam da existência de inteligências extraterrestres e as trataram como deidades e entidades divinas com as quais a torre tinha a finalidade de estabelecer uma comunicação transcendental e intergaláctica.

A geração da Torre de Babel não era primitiva. Talvez suas ferramentas tenham sido bem simples, mas sua mente estava muito além do que é conhecido pelo ser humano de hoje.

Então, vamos fazer uma nova leitura dessa história da Bíblia.

O que a geração de Babel realmente buscava era resgatar a comunicação com o divino, com as entidades divinas, como Elohim e outras.

Interessante que o primeiro computador individual lançado no mercado tenha sido chamado de "torre".

Ampliar o Recipiente

Depois de dois mil anos de programação religiosa e do condicionamento mecânico que não deixou o ser humano pensar por si, perdeu-se a ligação com a essência e o sentido espiritual das orações. No mundo de hoje existem muitos livros de orações. Rezamos, constantemente, sem entender quase nada do texto, principalmente quando é escrito numa linguagem não conhecida por nós. Entramos na sinagoga, na igreja, ou em qualquer outro templo, e fazemos tantos pedidos que mais parece uma lista de compras: Número um: preciso de tal coisa, número dois: preciso de tal coisa.

Esperamos que Deus seja o fornecedor do que precisamos. Isso é fruto de uma consciência primitiva.

As gerações da antiguidade passadas sabiam como comunicar-se com os deuses, para trazer o divino para cá. Por isso está escrito na Bíblia em relação à geração de Babel: "... e o SENHOR desceu..."

O divino manifestou-se.

Como dito antes, a geração de Babel construiu a torre para comunicar--se com as entidades divinas e receber delas mais Luz. As pessoas daquela geração queriam receber mais Luz, que é a fonte de informação e sabedoria. A descida do divino expressa Sua manifestação física, quando se incorporou, tenha sido no próprio ser humano ou nos sistemas da comunicação que tinha construído.

Para receber mais Luz, foi necessário ampliar o Recipiente e a capacidade do ser humano de absorver, processar e beneficiar-se da energia cósmica crua. Para isso teria sido necessário chamar um Recipiente Divino com Inteligência divina e maior capacidade de receber do que o ser humano tinha.

Por essa razão, as pessoas uniram-se para atingir aquela meta. Estudaram e aprenderam como agir segundo as regras cósmicas, mas, infelizmente, a intenção e a motivação delas era errada: apenas para conseguir fama e controle!

A Luz é algo energético, que não tem limites. O corpo é muito limitado, muito pequeno. Quero receber a Luz, mas ela me diz: Olha só, você é muito pequeno, você é minúsculo; eu não caibo dentro de você.

Para ampliar nosso corpo, para ampliar nossa capacidade e inteligência divinas, precisamos dos outros. Por que eu dou aulas? Não porque eu seja um justo ou muito sábio, mas para receber sabedoria divina.

A regra básica da Criação é que a única maneira de receber mais sabedoria divina é através de compartilhá-la. Assim podemos ampliar nosso Recipiente. Quanto mais compartilhamos, mais Luz chegará ao mundo e mais sabedoria chegará a quem vem compartilhando.

Contudo, na geração de Babel, quando a Luz desceu com o Recipiente, o que aconteceu foi que o ser humano, ao invés de compartilhar com o seu companheiro através de amor e respeito, começou a manipular os outros. Em lugar de ampliar o Recipiente de forma positiva com afinidade à Luz, queriam dominar o mundo. Assim, criaram curtos-circuitos e confusão. Porque o único Recipiente adequado para receber a Luz é o que não esteja fragmentado. É a explicação espiritual de monoteísmo – a união dos diversos Recipientes em um só.

E, assim, como não haviam ampliado adequadamente o Recipiente para receber Luz, as pessoas passaram a não se entenderem e a falar cada uma o seu idioma, fazendo com que, desta forma, a língua sagrada se perdesse. Porque, ao final, a Luz manifestou-se, mas sem o Recipiente adequado, causou uma explosão e a quebra do Recipiente. Uma catástrofe espiritual e mental de comunicação que vibra no ar até hoje!

Vários Idiomas Diferentes

Como dizemos repetidamente, a Bíblia não é um conjunto de histórias, ou de contos do passado. Ela descreve algo além do tempo, espaço e movimento; neste caso, e de certa forma, está também descrevendo a nossa geração, assim como todas. Trata-se de uma consciência atemporal. Descreve o que está acontecendo no subconsciente coletivo de toda a humanidade em todas as gerações.

Hoje, talvez, nossa torre não necessite ser tão alta, porque existe o computador (outra "torre") e tantos outros meios de comunicação. A altura é medida pela intensidade e qualidade – alto padrão!

Mas é justamente aí que reside o perigo da explosão da informação como foi mencionado, que pode causar muita confusão.

A Bíblia está nos avisando: Olha, ser humano, seu problema não é a falta de informação; seu problema é sempre excesso e exagero de informação. Não em termos de quantidade absoluta, mas em termos relativos, quer dizer, de relação entre a quantidade revelada e a utilizada.

Recebemos informação demais, e ao invés de utilizá-la para nosso bem, para o bem do outro, começamos a manipular os outros. Assim nasceu o ditado - Informação é poder! O que você sabe da sua concorrência te dá uma vantagem sobre ela. Seja superior! Mas essa obsessão pelo acúmulo de informação é motivada pela ganância, cobiça e pela vontade de destruir o outro. Não foi uma surpresa, então, que acabassem se destruindo, já que era essa a principal intenção.

Por exemplo, qual foi a lição do atentado de 11 de setembro nos Estados Unidos?

A primeira lição foi: Vamos começar a compartilhar a informação que todo mundo tem sobre os terroristas.

Para nos protegermos do terrorismo, não podemos mais criar grupos separados, cada um mantendo secretamente a sua fonte de informação, sem compartilhar com os demais.

Não só os governos, a CIA, o FBI, a KGB, mas também jornalistas, repórteres, e até grupos esotéricos, cada um tem sua fonte escondida e particular de informação. Essa é a manipulação da informação – excesso de informação – que está nos destruindo.

E isso não acontece somente hoje em dia. Aconteceu milhares de anos atrás, quando o ser humano começou a ampliar a sua capacidade de receber informação sem querer compartilhar. E vem acontecendo desde então: Divida e conquiste!

Na geração de Babel, segundo o pedido do ser humano, mesmo sendo um pedido imposto ao divino, recebeu exatamente o que tinha pedido. Então não foi o SENHOR (Adonai) que causou a confusão, mas o próprio desejo obsessivo e exagerado do homem. A Luz apareceu, Elohim que representa as deidades divinas, desceu, mas um curto-circuito foi criado. E esse curto-circuito gerou confusão, trazendo como consequência, uma confusão interna de comunicação que ficou dentro da mente humana.

A Voz Interna

A história de Babel está aí para nos mostrar como perdemos controle sobre nossos pensamentos e não como uma pesquisa científica sobre as origens das línguas ou de etimologia.

O curioso sobre esse fenômeno é que apesar de estarmos falando o mesmo idioma, não somente quase ninguém escuta, mas mesmo ouvindo, isso não significa que haja entendimento entre as partes. Não conseguimos entender nem ouvir o outro porque não ouvimos a voz interna de nossa alma.

Chegamos a um ponto onde quase ninguém é capaz de ouvir sua voz interna, porque sempre há outra voz falando em nossa cabeça. E ela não para! Quem está falando em minha cabeça, que não para? Pare por um segundo! Por favor!

Mas aquela voz persistente não se cala. Fica discutindo, brigando, criticando e julgando todo mundo! É uma consequência de estarmos inconscientes. Para ter controle, dividimos e conquistamos o outro, mas na realidade perdemos o controle de nós mesmos. Isso é o que está nos deixando loucos, sem paz nem harmonia interna. É a perda do equilíbrio espiritual que leva à perda da sanidade e da santidade.

Língua Sagrada

Em português, assim como em qualquer outra língua, as palavras língua, idioma, linguagem, significam praticamente a mesma coisa.

Mas, o termo que o Zohar escolheu para definir a comunicação da geração de Babel não foi 'idioma sagrado', e sim 'língua sagrada' que é, em hebraico – Lashón HaKôdesh. Aqui se encontra uma mensagem oculta, ou segredo, da passagem bíblica que fala sobre a Torre de Babel.

O que gerou a confusão na mente foi o abuso ou a desconsagração do próprio membro físico que é responsável pela comunicação – a língua. Porque a mente saiu do processo de transformação, do compartilhar Luz e do sistema da pureza, e assim todos os meios de comunicação, principalmente a língua, se contaminaram.

As pessoas daquela geração perderam a língua da santidade, ou seja, a intenção e a consciência divina de usar a língua para comunicar-se e conectar-se ao sistema da pureza. E caíram na armadilha da má língua e do sistema da impureza. Má língua ou maledicência não significa necessariamente falar mentiras. O pior da má língua é usar a verdade para fins negativos. Não foi à toa que nasceu a expressão – assassinato de caráter.

Nos dias de hoje também, até a nossa própria língua está a serviço da maldade, da crítica, das reclamações e de culpar ou outro. Isso cria frequências agitadas que nos perturbam e nos desorientam, até um ponto em que nem conseguimos ouvir nossa voz interna e divina.

Religar - Recuperar a Conexão

Para recuperar a Língua da Santidade, é preciso primeiro consagrar e santificar a mente e os pensamentos. Quando a mente ficar pura e a serviço da santidade, com a intenção de receber informação para compartilhá-la com o outro e não para manipulá-lo, o corpo e a língua vão seguir. Assim, podemos atingir o estado de afinidade com o divino e vamos começar a transmitir mensagens ao cosmos, à consciência coletiva, a fim de que as preces sejam atendidas. Para o entendimento com o divino, o ser humano não depende do idioma, mas da consciência.

Harmonia e autocomunicação interna e consagrada são elementares para recuperarmos a confiança das entidades divinas em nós.

As inteligências extraterrestres não estão em outros planetas, estão aqui, porém encontram-se além do mundo físico. E além não significa embaixo ou em cima, mas outra dimensão, além da confusão e do caos mental da humanidade.

Contudo, o ser humano está buscando algo que se limita ao mundo físico. Eu quero achar um ser extraterrestre físico. Olha, eu peguei um extraterrestre! Isto é uma ilusão. Com esse tipo de consciência, eles irão fugir e escapar, porque não gostam de nós e de nossa tendência negativa. Não há afinidade entre nós.

Mas, se nossa consciência for de autotransformação – uma consciência divina – eles irão aproximar-se de nós. E, assim, podemos recuperar a conexão com o divino, falando a língua sagrada, da santidade e não da escuridão.

Temos de vibrar nas mesmas frequências que as do divino.

As Chaves

Origens Espirituais

Origens da geração de Babel

Sobre a geração de Babel, lemos na Bíblia: Saindo os homens do Oriente...,
etc. Quem eram essas pessoas? De onde vieram? O que significa 'do Oriente'?
Será que existe um ponto fixo no globo que seria o Oriente absoluto? Pois,
tudo é relativo, e nas direções também!

A palavra usada em hebraico para 'o oriente' é Kêdem. Quem sabe hebraico conhece a outra palavra para o oriente que é Mizrách. Então porque a
Bíblia não a usa e prefere Kêdem?

O Zohar nos ensina que a palavra *Kêdem* alude ao conceito atemporal e
primordial – em hebraico, *Kadmón*. Pode ser explicado como: 'Tão original e
ancestral que transcende o tempo'. Outra explicação é que significa 'do antes'
ou 'do anterior'. Isso alude a que vieram de uma geração anterior, e que haviam encarnado e tinham aparecido no mundo antes.

O grande sábio da Kabbalah, Rabino Isaac Luria (Ari), em seu livro 'Portão
da Reencarnação' continua a esclarecer esse código em relação à reencarnação. Ele explica que a geração de Babel é o mesmo grupo de almas que estavam
encarnadas na geração de Noé.

Daqui podemos aprender que o Tikun, ou a correção, se aplica não apenas
a uma alma só, mas também que existe uma correção coletiva que une determinadas almas em grupos distintos. E que cada um desses grupos carrega um
destino comum.

Nesse caso, nos referimos ao grupo de almas que encarnou e chegou ao mundo na
época conhecida como a geração de Noé, quando houve o dilúvio.

E em termos de tempo, quando a geração de Babel apareceu depois do
dilúvio, veio de outra 'dimensão do tempo'. Apesar de não haver decorrido
muito tempo entre essas duas gerações, quando o mundo recuperou-se do dilúvio, a sensação foi que era outra dimensão, algo antigo e primordial, difícil
de lembrar.

Noé e sua geração

A Bíblia conta que a geração de Noé pecou e que Deus ficou tão bravo que
resolveu destruir a Terra através das águas. Mas por quê? O que fizeram de tão

ruim, qual foi o pecado tão grave que aquela geração cometeu? Por enquanto não se sabe exatamente.

Vamos ler a passagem na Bíblia: [Gênesis 6:5-13] 'O SENHOR (Adonai) viu que a perversidade do homem tinha aumentado na terra, e que toda a inclinação dos pensamentos do seu coração era sempre e somente para o mal. Então o SENHOR arrependeu-se de ter feito o homem sobre a terra, e isso Lhe cortou o Seu coração. Disse o SENHOR: "Farei desaparecer da face da terra o homem que criei; os homens e também os grandes animais e os pequenos e as aves do céu. Arrependo-Me de havê-los feito". E apenas Noé achou a graça aos olhos do SENHOR.' E continua: 'Ora, a terra estava corrompida aos olhos de Elohim e cheia de violação. Ao ver como a terra se corrompera, pois todo ser vivente (lit. toda a carne) havia corrompido a sua conduta. Então, Elohim disse a Noé: "Darei fim a todos os seres humanos, porque a terra encheu-se de violação por causa deles. Eu os destruirei com a terra".

Se procurarmos pela lógica nessa história, seria bem difícil encontrá-la. Muitas dúvidas surgem: Se o ser humano era perverso e 'a inclinação dos pensamentos do seu coração era sempre e somente para o mal', porque então Elohim resolveu destruir todos os seres viventes, inclusive os animais e as aves? Qual foi o pecado deles? Será que é assim que funciona a divina justiça? Matar o inocente com o culpado!?

E talvez a principal dúvida seja: De toda a sua geração, como e porque Noé foi o único a ser salvo?

Um ponto muito interessante e essencial para sabermos, antes de utilizar o Zohar para decodificar essa história, é que ela aparece em todas, virtualmente em todas as culturas, de uma forma ou de outra. Em todas as culturas da antiguidade encontramos a mesma história que narra uma destruição do mundo através das águas e um grande dilúvio que acabou com a civilização daquela época. Será que essas histórias têm a ver com a lenda de Atlântida?

Aqui podemos dizer que não importa o nome daquela civilização, porque cada cultura vai nomeá-la diferentemente. O que parece bem lógico, já que o nome aparece em idiomas diferentes!

A Sabedoria Divina

O Zohar direciona a nossa atenção ao versículo que diz: *'E apenas Noé achou a graça aos olhos do SENHOR.'* O que isso significa?

O termo em hebraico para 'graça' é Chen, escrito assim: חֵ"ן. E o Zohar diz que é um acrônimo de duas palavras em hebraico – Chochmát Hanistár – quer dizer a Sabedoria do Oculto, aludindo à Divina Sabedoria da Kabbalah.

O que realmente salvou Noé do amargo destino de sua geração foi o fato que ele achou a Kabbalah e conseguiu cumprir a sua missão, e não cair na armadilha da ignorância como os outros de sua geração.

O Equilíbrio

A justiça divina, aplicada pelos seres divinos, segue a lei cósmica de equilíbrio e harmonia. Elohim, que aparece na história de Noé, representa a consciência divina da Natureza, que também deseja manter e preservar seu equilíbrio e o do universo.

O equilíbrio é fundamental para a vida e para a evolução. Cair em qualquer extremidade somente cria caos e confusão, que afetam o equilíbrio na terra e até poderia afetar o equilíbrio no divino.

E se o ser humano perde demais o caminho do equilíbrio e da Coluna do Meio, ou seja, da Restrição, então toda a Luz que ele revela no começo aparentemente para seu prazer o acabará destruindo. Existem forças bem mais poderosas do que nós, que temos de conhecer, reconhecer e levar em consideração seus interesses.

A Luz – O Fator Neutro

Não é a Luz que nos queima, que nos mata ou que nos destrói, como é possível entendermos erroneamente dessa história ou de qualquer outra na Bíblia ou na vida. A Luz é neutra. Mas se o ser humano acredita que é capaz de enganar a força divina da natureza, isso certamente é errôneo!

Infelizmente, em geral passamos a vida em formas de autoengano e vamos criando véus de automentira para nos escondermos da verdade; não temos coragem de removê-los.

Quero sair, quero me livrar, me libertar dessa automentira, dessa prisão que criei. Isso exige um pouco de amadurecimento, coragem, e também a hora certa. Cada pessoa tem seu momento certo, e isso também faz parte do programa de nossa consciência coletiva.

Estamos na Era do Aquário, onde finalmente todos estão se sentindo cada vez mais preparados, prontos para tirar o último véu de automentira, que já foi chamado de idolatria e hoje se traduz como o materialismo – o mundo da ilusão.

Fisicamente nossa consciência de seres humanos não cresceu muito, nem desenvolveu sua capacidade divina ao longo de milhares de anos. Contudo, apesar de parte de nossa consciência ter permanecido dormente por muito tempo, vem passando – junto com nosso corpo – por muitas vidas e muitas vivências. Tudo foi inconsciente, mas mesmo assim ficou registrado no subconsciente. Nada se perdeu!

O mesmo se aplica à geração que reencarnou, na forma da geração de Babel – formada pelas mesmas almas que viveram anteriormente na geração de Noé, ou da Atlântida.

Assim, os habitantes de Babel disseram: Vamos para o Oriente, para o vale de Sinear, para recuperarmos aquela sabedoria que perdemos. E começaram a construir cidades, ou torres, para recuperar a consciência, a sabedoria divina – chamada de Kabbalah – que haviam perdido, exatamente como estamos fazendo hoje em nossa geração.

O Poder da Mente

Um exemplo de autoengano é o fato de nossa geração acreditar que é mais avançada do que todas as outras. É preciso da coragem e da honestidade de um justo para perceber o enorme avanço das antigas civilizações, e para admitir que ainda não conseguimos entender como essas culturas conseguiram realizar todas aquelas conquistas no campo da arquitetura, astronomia e medicina, entre outros.

Contudo, o legado que elas deixaram por trás, é um testemunho de que eram extremamente avançadas.

Talvez a tecnologia não fosse tão avançada, mas o poder e o controle da mente eram bem maiores do que atualmente.

Isso permitiu que as conquistas obtidas fossem tão surpreendentes, que até hoje constituem um grande enigma para a ciência. Como os faraós conseguiram construir as pirâmides sem a tecnologia moderna e avançada que possuímos? Ninguém sabe a resposta.

Mas a Kabbalah explica que foi graças ao poder da mente e ao contato com deidades divinas que forneceram a necessária informação e habilidades.

Utilizamos apenas cerca de cinco por cento de nossa capacidade mental e estamos conseguindo chegar à Lua, Marte, e quem sabe, até mais longe. Se utilizássemos os outros noventa e cinco por cento, seríamos capazes de realizar coisas que nossa imaginação não consegue sequer vislumbrar.

A Lição

Entretanto, se não aprendermos a lição que se encontra em nosso passado, talvez os resultados sejam piores.

Entrar nas dimensões divinas com uma mente confusa e com um coração contaminado por desejos egoístas será fatal.

O fato de que a geração de Babel não sabia e talvez não desejasse saber sobre a imensa responsabilidade do mau uso da informação, não a salvou das inevitáveis consequências. O meio ambiente e a consciência da natureza divina precisam ser levados a sério se o ser humano pretende sobreviver e prosseguir no processo da evolução espiritual. Porque sem a consciência coletiva representada por Elohim e as forças da natureza, não haverá nenhuma chance.

Mas não é o único fator; como nós nos consideramos a 'raça superior' aqui na terra, os seres mais inteligentes em relação aos animais e ao restante das criaturas, temos maior responsabilidade por eles. Não podemos dizer: Elohim porque você destrói? Por que ao final, fomos nós que destruímos, sendo Elohim apenas a expressão de nossa consciência divina e coletiva. Não é uma força externa que nos destrói – mas é uma forma de autodestruição.

Quando qualquer ser, espécie, ou raça, sai do equilíbrio energético, então sai do sistema da pureza e da Providência Divina que o sustenta. Assim cai na escuridão e nas armadilhas das forças escuras e negras que não têm Luz, e elas acabam sugando a própria força da vida e a vitalidade dele. É o curto circuito, ou seja, o circuito do prazer de curto prazo. Isso resulta em total autoaniquilação.

A destruição que constrói

À primeira vista, parece que Elohim destruir o mundo é um ato cruel e insensível à vida humana e à vida em geral.

A Kabbalah ensina que quando a inteligência divina, Elohim, se materializou dentro do corpo humano, criou então um espaço vazio onde a ausência da Luz se torna evidente.

Assim todos nós acordamos de manhã, sentindo algum tipo de falta. Estou com fome. Estou com sede. Quero dinheiro. Quero Amor. Quero receber. O desejo de receber é um instinto.

Mas, ao viver entre as polaridades do positivo e do negativo – sendo a Luz o positivo e o Recipiente o negativo – o fato de receber diretamente a Luz pode gerar um curto-circuito. Quando isso acontece, aparece o Julgamento de Elohim.

Contudo, o Julgamento existe justamente para salvar o mundo. As situações desagradáveis que encontramos na vida, os impactos negativos que recebemos de vez em quando, nos fazem pensar que Elohim está nos castigando. Ah! Deus, você está me castigando de novo! Esqueça de mim, por favor! Pegue o outro, ele é pior do que eu!

A Kabbalah nos diz: ao invés de sentir que alguém está nos perseguindo ou nos castigando, temos de assumir uma posição mais responsável, mais pró--Criadora.

Precisamos ter consciência de que esse Julgamento, em forma de dor ou até acidente, veio justamente para nos salvar, para que não continuemos, com nossa teimosia, no caminho da autoaniquilação total.

Podemos aplicar essa regra e entendimento à geração de Noé ou à de Babel; quando Elohim, que é a consciência divina coletiva de toda a humanidade no universo paralelo, percebeu que o ser humano estava a caminho de aniquilar--se totalmente, resolveu agir com Julgamento, destruir o fator negativo e deixar sementes saudáveis para continuarem.

Se Elohim não os tivesse destruído, o ser humano teria se aniquilado totalmente e ficaria sem nenhuma salvação. Perderia a última chance.

A Kabbalah descreve esse ato como: Julgamento com Misericórdia. Sim, dói, mas a dor nesse caso é para despertar o paciente e deixá-lo consciente da doença, o que faz com que ele procure o remédio. Sem o querer curar-se, o remédio em si não irá necessariamente ajudar.

Autoconhecimento

O que fazer com a minha vida? Questões sobre carreira profissional, escolha do parceiro, família, trabalho, dinheiro, como resolver? Vivemos essa preocupação vinte e quatro horas por dia. Virou uma ansiedade sem controle! Será que é isso que a Bíblia quer nos dizer em relação à geração de Noé: 'toda a inclinação dos pensamentos do seu coração era sempre e somente para o mal'?

Certamente queremos usufruir a vida e não gostaríamos de acordar daqui a vinte, trinta, ou quarenta anos e pensar: Ah, que pena! Desperdicei a minha vida, não aproveitei meu tempo, perdi a minha chance!

Contudo, a frustração com a vida amorosa, trabalho, finanças, sonhos, talvez já tenha começado a crescer dentro de nós, podendo, assim, um dia, assumir proporções fatais e mortais.

Então, podemos concluir que o mal não necessariamente aparece como violência, guerras e coisas assim. Entretanto, o mal é bem sutil e pode até ser algo que pareça bom e justo.

Ansiedade, estresse e preocupações obsessivas e sem controle não são a raiz do problema. São apenas sintomas que aparecem na superfície, e indicam um estado espiritual desequilibrado, que afeta o lado mental e o emocional. Porque precisamos lembrar que o Desejo de Receber para si mesmo não necessariamente aparece de forma consciente.

O primeiro passo para estarmos conscientes das forças escondidas e reprimidas, como fobia, paranoia, autoculpa, e autopiedade, que nos motivam e dominam inconscientemente, é o autoconhecimento. Enquanto vivermos em autonegação, nunca conheceremos o ser divino que somos. A primeira condição para aplicar a Kabbalah é a autoaceitação. Aceitar é o primeiro passo para se mudar.

Crime ou Pecado

Para entendermos o mal em termos espirituais, temos que saber qual é a diferença entre um crime e um pecado.

Geralmente pensamos que pecado é algo contra Deus e crime é contra a humanidade. Ou seja, supomos que, quando desobedecemos à ordem de Deus, estamos cometendo um pecado e que, quando roubamos do outro, estamos cometendo um crime. Por esse motivo criamos um sistema de justiça que foi intencionado para castigar o criminoso e defender a vítima. Contudo, apesar de todas as tentativas e de todas as modificações que esse sistema sofreu por milhares de anos – não funciona! Ele não chegou a servir à finalidade para a qual foi criado. Infelizmente, o ser humano continua com sua perversidade e crueldade.

A Kabbalah, na verdade, não aceita a divisão entre o divino e o humano, e afirma que qualquer expressão do desejo de receber para si mesmo – seja através de atitude contra o ser humano, os animais, a natureza ou o divino – cria um curto-circuito energético, que irá acabar se voltando contra nós mesmos.

A diferença entre um crime e um pecado não se encontra no ato em si, mas na consciência da pessoa. Quando alguém percebe que um ato criminoso contra seu irmão está realmente machucando e contaminando o seu próprio ser divino; nesse momento tem consciência de estar cometendo um pecado.

Todos encontramos situações difíceis, que podem ser consideradas como 'testes'. O modo de lidar com elas depende do nosso livre-arbítrio. Por exemplo: posso, na hora em que encontrar uma situação desagradável, ser levado pelo ego a pensar: Não quero admitir, não quero confessar minha culpa. Não quero ver, enxergar, encarar ou assumir responsabilidade. É a culpa do outro. Alguém está conspirando contra mim!

Carregamos tudo isso em nossa mente, inconscientemente. São nossas fobias, nossos medos: o medo de perder algo e de perder-se!

Mas temos que encarar esse ser interno, e dizer: Agora quero transformar meu desejo egoísta, que causou um curto-circuito; pode ter sido há dez ou vinte anos atrás, não me lembro. Quero me mudar, sair do padrão repetitivo de meus erros.

O ser humano precisa começar a sair dos erros repetitivos, dos pecados,

dos curtos-circuitos e dos padrões do passado que estão nos escravizando, para conseguir entrar na Nova Era, a Era de Aquário, a Era Messiânica, onde todos irão parar de discutir sobre quem é o Messias, e começar a realizar individualmente o potencial particular da consciência messiânica.

O Meio De Transmissão da Luz

Ao invés de nos envolvermos em debates discutindo se o Messias é Jesus, Moisés, Buda, Maomé ou outro - vamos sair dessa consciência de polaridade e passar a assumir a atitude mais pró-ativa da consciência messiânica.

O processo da autotransformação nos leva a entender que a consciência messiânica, na verdade, está dentro de cada pessoa. Ela existe potencialmente em todos nós.

Quando Buda era jovem, aos trinta e cinco anos de idade, saiu de seu palácio e foi buscar a raiz do sofrimento, do mal e dos males que o ser humano encontra em sua vida. Por que o ser humano sofre, e é condenado a envelhecer e morrer, enquanto há beleza e existência eterna ao seu redor? É um paradoxo atormentador que a mente não suporta. É um tormento emocional do qual Buda queria encontrar uma maneira de curar-se.

Certo dia, ao longo do seu caminho em busca pela libertação dos apegos físicos do corpo para atingir a iluminação, Buda sentou-se embaixo de uma árvore, o Bodhi. Por meses e meses, ficou ali, não fazendo nada, além de meditar. Até que, finalmente, a árvore abriu a boca e começou a passar para o jovem Buda toda a sabedoria divina cósmica. A árvore não foi a fonte, e sim o meio de transmissão da Luz. O meio pode ser uma árvore, um mestre, um trabalho, uma situação, ou qualquer outra coisa, até um livro ou um filme.

Ou seja, o nosso mundo está cheio de meios pelos quais podemos receber a Luz infinita. É só uma questão de criar o recipiente adequado para recebê-la.

A coluna do meio

A raiz do mal é quando o ser humano recebe a Luz Infinita sem a Restrição. Porém, quase ninguém nasce com a consciência da Restrição. É certamente algo que todos nós temos que desenvolver com o tempo, ao longo da vida.

Lamentavelmente, muitas pessoas passam a vida toda, vivendo de maneira robótica e inconsciente, criando curtos-circuitos que acabam manifestando-se através de problemas, brigas, conflitos, atritos e até graves acidentes.

Eu ganhei muito dinheiro hoje, então vou me sentir bem. Mas essa sensação de bem estar é temporária porque depende de algo físico. Quando o físico desaparece, o prazer se vai!

Nos relacionamentos é mais óbvio. Por exemplo, todos os casais, no dia do casamento, se sentem muito felizes. Mas essa euforia pode transformar-se em grandes brigas, discussões, atritos e então surge a pergunta: Para onde foi o amor, a paixão, o carinho?

Um casamento que não dá certo é o resultado de muitos anos de abuso e de uso inapropriado da energia do amor. Porque a energia do amor não vem do corpo do outro; a raiz da paixão e do prazer sensual não vem da sensação física. A atração sexual é a força magnética que atrai os polos extremos, do positivo e do negativo. Só o ser humano autoconsciente, que exerce o livre-arbítrio consciente e livremente, é capaz de ativar a Restrição, e transformar o desejo de receber imediatamente o prazer, para um desejo de compartilhar. Assim o prazer, manifestado pelo amor e pelas relações, vai transcender o aspecto físico e não vai desaparecer quando o elemento físico desaparece. Porque não depende mais do físico, e vem da fonte de prazer que é a Luz Infinita.

Cada um de nós também pode servir como um meio para transmitir e compartilhar com seu parceiro, ou parceira, o amor interminável e incondicional da Luz Infinita.

Assim, podemos manter o amor e a paixão sem limites de tempo. Mas precisamos da coluna central, do filamento, da Restrição. Isso vem com o treinamento, aos poucos.

A cada dia passamos por novos testes, querendo ou não! São tentações, situações que temos que enfrentar; decisões com contradições que temos que tomar! Se eu faço assim, prejudica um, se não prejudica o outro. O que eu faço? Nem sempre sabemos como agir corretamente. Qual a decisão certa a tomar?

Uma decisão tomada hoje irá nos afetar daqui a trinta, quarenta anos. Será que eu preciso mudar de casa? Preciso mudar de profissão? Preciso trocar de namorado ou de namorada? Sim ou Não? Viver com essas incertezas é um tormento.

A restrição é a coluna do meio, que equilibra e harmoniza os dois extremos: sim/não, contra/a favor, hoje sim/hoje não, um dia bom/um dia ruim. A coluna do meio nos libera do tormento e dos paradoxos das polaridades.

[1]In-dependência

Sim, o desejo de receber o prazer imediato é a fonte do mal. O 'mal' é finito e acaba criando dependência no físico, que é o finito. Por isso a Kabbalah quer aumentar, ampliar a nossa consciência, e com isso ampliar nossa capacidade de receber o prazer Infinito. Ao entrarmos em contato com nossa consciência divina, não precisaremos mais esperar que alguém atenda nossos desejos. Independência total é quando penetramos na fonte interna do prazer e dependemos de nós e não do outro, seja quem for! [1]In-dependência!

O importante é saber potencializar nossos desejos a partir de nós mesmos. Ou seja: sou o meio e a fonte da Luz está dentro de mim.

Será que Deus levou embora a nossa saúde e temos que pedi-la de volta? Isso é que ainda muitos pensam, devido à influência da idolatria.

Se eu estiver precisando de saúde, não preciso rezar a Deus para receber de volta a minha saúde, porque Ele não a tirou de mim.

A Idolatria é consequência de um estado de dependência. Por este motivo, três mil e oitocentos anos depois da revelação do monoteísmo – que teria surgido para liberar o mundo da idolatria – quase ninguém sabe quem é Deus e o que significa o monoteísmo.

Em resumo: acreditar que existe um Deus lá fora e que temos rezar, orar e implorar a Ele, é a principal fonte de idolatria. É total autoignorância, que gera dependência do espírito. E leva o divino verdadeiro e a força Criadora que está dentro de nós a um estado de paralisia e parasitismo.

---

[1]O termo *In* em inglês e em latim significa dentro. O sentido dessa construção seria: depender na força da Luz que é o nosso aspecto interno

Parte 2
A Prática

A Prática

Meditar e transformar-se

A Chave Mágica

O nosso objetivo é encontrar a chave que nos permite sermos o fator determinante de nosso destino, para sairmos do estado da vítima e nos tornarmos donos de nosso destino.

Da mesma forma que uma tomada de luz nos permite a conexão com a energia elétrica, também existe um recurso que pode nos conectar à Luz infinita.

Agora vou determinar o meu destino. Se eu quero a Luz, vou apertar o botãozinho, e, pronto, a Luz vai chegar.

Mas onde fica esse botão, capaz de trazer a Luz para nós?

A Kabbalah nos diz que essa chave mágica é a nossa mente. Essa chave abre o portão que nos leva ao tesouro de nossa alma, o qual vibra com toda a força do universo em nosso coração, que por sua vez, é o trono do Desejo Divino.

A Chave é conhecer a nossa mente; saber como funcionam e de onde vêm nossos pensamentos – os que gostamos, os que não gostamos e os que não gostaríamos de vir a ter no futuro.

O processo se inicia com o conhecimento sobre o poder de nossa própria mente. Temos de lembrar que a psicologia e a ciência afirmam que o ser humano utiliza somente de cinco a dez por cento de sua capacidade mental, o que é muito pouco.

E, apenas com esses cinco ou dez por cento, sem o restante, sem a parte divina, o ser humano só irá encontrar problemas, desordem, caos e ansiedade. Porque os cinco por cento não sabem como perceber e englobar o total. São destinados a viver em conflitos.

Meditação

Nesse capítulo, abordaremos o assunto da meditação, para entendermos melhor o que significa meditar, quais são as suas vantagens e quais as etapas do processo meditativo.

Mesmo que a meditação não seja ainda uma prioridade em nossa vida, no mundo de hoje existe uma grande quantidade de revistas, livros, programas de televisão, que nos colocam cada vez mais em contato com o assunto. O resultado disso é que cada vez mais pessoas praticam meditação de uma forma ou outra. O que era considerado em nossa mente como algo exótico há algumas décadas, tornou-se, no decorrer do tempo, exercício para preencher o tempo de lazer e relaxamento. Nos últimos anos, nos conscientizamos da importância da meditação em relação à nossa saúde e bem estar. Não há dúvida de que a importância de meditar está se tornando, cada vez mais, uma prioridade em nossa vida.

Certamente, entre ouvir a respeito de meditação e desenvolver a disciplina para praticá-la diariamente, existe ainda uma distância. Porque é relativo e depende de cada pessoa. De qualquer forma, para superá-la, o princípio é bem simples, e quanto mais aprendemos sobre ela e as vantagens que ela nos oferece, mais convencidos ficamos para aceitá-la em nosso dia a dia, até que se torne algo natural e integrado em nosso programa diário.

Pela meditação abrimos o portal da autotransformação – que nos permite dar um verdadeiro salto quântico em nossa vida.

É necessário passar por uma mudança interna, somada à informação correta sobre a meditação, para que tenhamos condições de praticá-la efetivamente.

As Três Etapas

Ninguém acorda de manhã planejando acidentes, coisas desagradáveis, problemas e brigas, mas infelizmente tudo isso acontece. Existe no mundo muita energia negativa, que causa irritação, agitação, e apanha a todos nós de surpresa. Isso pode fazer com que percamos o controle e o equilíbrio.

Será que existe um 'tratamento preventivo' que possamos fazer para evitar essas situações? Sim! É a meditação! Segundo a Kabbalah, o motivo principal de meditar é estabelecer a consciência da Restrição e autocontrole dentro de nós.

Podemos resumir o processo de introduzir a força da Restrição, e incorporar a consciência divina de Elohim em nossa vida em três etapas básicas:

1 – Não reaja!
Reação se refere à nossa forma instintiva de agir. Alguém me bate, bato de volta. Os instintos são muito fortes e nos fazem reagir na maioria dos casos, sem pensar.

Podemos imaginar um sapo – quieto à beira do riacho – estirando a língua, para engolir uma mosca que passava voando. Ele faz isso instintivamente, não há como controlar. De nada adianta dizer ao sapo: Olha só, quando a mosca passar da próxima vez, não a coma. Deixe-a voar!

Ou o tigre. Quando está com fome e o instinto de comer surgir, também não adianta tentar convencê-lo de ter piedade ou compaixão do veado recém-nascido, para não devorá-lo, nem cortá-lo em pedaços!

É a selva!

Mas nós, seres humanos, somos diferentes do sapo e do tigre, porque temos o livre-arbítrio, temos algo que vem do Divino. Podemos entender se nos disserem: Olha só, da próxima vez que aquela pessoa te irritar, te agitar com uma atitude negativa, não reaja. Não entre no sistema dela, não bata, não se exaspere.

Todos nós temos a capacidade de brecar nossa reação instintiva. Da próxima vez que uma pessoa fizer algo que incomode, lembre-se de que você pode parar sua reação instintiva.

2 – Respire, e ative a Força da Luz.

Às vezes, em situações estressantes, como no trânsito, é preciso pedir ajuda. Mas a ajuda não vai chegar se ficarmos nos queixando do governo, da prefeitura, de fulano ou de beltrano. De nada adianta reclamar. É preciso assumir uma posição proativa, despertando a força da Luz dentro de nós.

Transforme-se, saia da reação!

A Luz sempre está presente. Mas, às vezes a sensação da ausência dela é causada pelo excesso de Luz. Por exemplo, quando muitas pessoas querem receber a Luz imediatamente – todas, ao mesmo tempo e no mesmo lugar – nesse caso, a Luz vem em excesso e nem todos conseguem absorvê-la. Por esse motivo, temos que transformar o desejo de receber em desejo de compartilhar, através da respiração e da meditação nos Nomes Sagrados.

3 - Aja proativo!

Ser proativo é agir de forma não instintiva, não robótica. É ficar calado, refletindo, meditando, respirando, e contemplando a situação. Dessa maneira podemos observar a melhor situação, de outro ângulo. Adquirimos uma nova perspectiva, além do mundo limitado.

Com a visão mais clara e uma consciência iluminada, começamos a querer compartilhar a Luz com as outras pessoas.

A agitação interna se dissipa, nos sentimos mais tranquilos e tudo começa a fluir mais facilmente, sem agressividade, sem a necessidade de empurrar os outros, sem pegar coisas dos demais. De repente, nossos olhos e nossa mente se abrem.

O trânsito, que estava engarrafado, começa a fluir. Olha só, eu desviei a atenção e os carros começam a andar!

Ao meditarmos, deixamos a ilusão da matéria e entramos na consciência da Luz, que é única, verdadeira e eterna. Depois, podemos voltar novamente ao mundo físico para agir de maneira proativa. O Divino domina o mundano.

Assim permitimos que a consciência de Elohim, adormecida dentro de nós, acorde e fique ativa!

A primeira lição da vida

Ao nascer, nosso instinto de viver nos faz inspirar o ar para recebermos a força vital da vida. Nesse momento, são as forças da Natureza e as leis da sobrevivência que nos governam. Mas, além da natureza, como já sabemos, existe uma consciência divina – Elohim, que também quer nos ensinar a primeira e a mais básica lição da vida. Só inspirar o ar, ou seja, só receber a força da vida para nós mesmos, não é possível, porque nos faz sufocar – quer dizer, gera curto-circuito. É necessário compartilhar, ou seja, soltar o ar, que é a própria força da vida, para poder recebê-la de volta.

Desde então até hoje, continuamos a respirar, mas inconscientemente, como robôs. É um nível inferior de consciência que vem da natureza; entretanto, através da respiração consciente podemos nos elevar à divina consciência de Elohim.

Respiração:

A Chave Mágica de Autotransformação

A respiração é uma fase muito importante na meditação, porque é a chave

A Prática

mágica de autotransformação Trata-se de um processo pessoal para despertar conscientemente os noventa e cinco por cento dormentes de nossa capacidade mental e espiritual – Elohim.

A técnica da respiração consciente nos permite alimentar alma, mente e corpo com a força da vida – que chega através do ar.

Mas não é o ar, ou o oxigênio, nem os outros elementos físicos, que nos dão a vida; é algo além, algo que pode ser chamado de Prana, como é conhecido na Ioga, ou de Luz, como é conhecida pela Kabbalah. Não se trata de uma qualidade física do ar, mas de uma qualidade energética.

Com essa nova consciência de respiração, sentiremos uma força vital entrando em nossa alma, quase uma ressurreição da consciência do corpo.

Porque ao respirarmos conscientemente, entramos no ciclo da vida, criando um alinhamento entre alma, mente e corpo, os três elementos mais fundamentais de nosso ser. A alma pode ser vista como a Coluna da Direita (+), o corpo como a Coluna da Esquerda (-), e a mente como a Coluna do Meio (o neutro).

A respiração harmoniza os três e assim permite que a Luz, ou Energia Cósmica, flua infinitamente e sem obstáculos – mesmo sendo por um tempo definido.

Então, tecnicamente, quando inspiramos o ar, temos que conscientemente meditar em receber a Luz Infinita e quando soltamos o ar, temos que também conscientemente meditar em compartilhar a Luz Infinita. O Desejo de Receber é ativado pelo corpo, o Desejo de Compartilhar pela alma, enquanto a mente vai conduzindo como um maestro. Ela vai acompanhando esse processo mágico de respirar para sentir o prazer de estar vivo.

Assim, o coração, que é o Trono do Desejo, começa a vibrar equilibradamente com as frequências cósmicas de Receber e Compartilhar para entrar em harmonia com o concerto cósmico do universo.

Hebraico – a Língua da 'ponte'

Antes de tratar o assunto dos Nomes Sagrados, é necessário saber mais sobre a Língua Hebraica.

O termo Hebreu aparece na Bíblia em referência a Abraão o Patriarca. Em Hebraico a palavra Êver significa atravessar. É comum a explicação que isso alude a Abraão, porque ele 'atravessou' o rio ao imigrar da cidade de Ur, em direção à Terra Santa. Mas quando nos aprofundamos mais nessa explicação, podemos entender que ele também saiu de certa consciência e atravessou uma ponte para chegar ao outro lado. Ou seja, ele saiu da influência do mundo limitado e atravessou para o mundo paralelo. Consequentemente, a Língua Hebraica serve como uma 'língua de ponte' com a qual podemos atravessar os obstáculos e as barreiras que encontramos no mundo físico para chegarmos ao outro lado!

Aqui surge a questão: onde fica o 'outro lado'? O mundo paralelo que é a fonte infinita de Sabedoria e a divina consciência?

Seguimos o princípio que tudo está dentro de nós, nesse caso toda a sabedoria Cósmica. Podemos então concluir que ela aparece em forma de memória genética. Nossos genes são 'bancos de dados' que carregam dentro deles toda a informação da vida – seja física ou metafísica. Estaremos utilizando as letras hebraicas em nossas meditações, porque através delas poderemos acessar a nossa memória genética.

Na verdade, o que denominamos 'letras hebraicas', são formas ou manifestações de vibrações energéticas ou de frequências cósmicas.

E as letras hebraicas também são transportadoras, ajudando-nos a passar por uma transição de consciência. Na verdade não estaremos utilizando a língua hebraica moderna, mas a linguagem cósmica das letras do alfabeto hebraico.

כהת	אכא	ללה	מהש	עלם	סיט	ילי	והו
הקם	הרי	מבה	יזל	ההע	לאו	אלד	הזי
חהו	מלה	ייי	זלך	פהל	לוו	כלי	לאו
ושר	לכב	אום	ריי	שאה	ירת	האא	נתה
ייי	רהע	וחם	אני	מנד	כוק	להח	יחו
מיה	עשל	ערי	סאל	ילה	ולו	מיכ	ההה
פוי	מבה	נית	גוא	עמם	החש	דני	והו
מוחי	ענו	יהה	ומב	מצר	הרח	ייל	נמם
מום	היי	יבם	ראה	חבו	איע	מנק	למב

Os Nomes Sagrados

Existem diversos grupos de Nomes Sagrado. Um dos mais conhecidos é o dos 72 Nomes , que são 72 sequências de três letras cada. Foram extraídos da Bíblia, do livro do Êxodo. Na verdade, Moisés – utilizando o poder da mente e a capacidade de penetrar na consciência genética da natureza, de Elohim, da Criação – empregou todos os 72 nomes sagrados de Deus para causar a divisão das águas do Mar Vermelho.

Porém, para entendermos o significado desses Nomes vamos escolher alguns:

Por exemplo -

Uma sequência de três letras: Mem   Vav   Alef   - lida da direita para a esquerda cria uma palavra pronunciada como OM – que é um mantra da Ioga.

Mais um exemplo -

Uma sequência de três letras: Shin   Hei   Mem
Pronunciada como Mehesh que é ligada a Maharishi Yogi.

Mais um exemplo -

Uma sequência de três letras: Iud   Resh   Hei
Pronunciada como Hare - de Hare-Krishna, Hare-Rama.

Nos exemplos acima, podemos ver claramente como a Língua Cósmica funciona. As vibrações do som das palavras ocorrem além do idioma. Não importa muito a forma das letras que se usa para criar um idioma específico – ao nível da frequência, eles se encontram. Esse encontro no nível das frequências é o que cria a consciência divina coletiva e une toda a humanidade numa única consciência que vibra na mesma sintonia. Esse é o significado espiritual da Língua Hebraica ou Língua Sagrada.

E, assim, podemos constatar que todos os profetas, de todas as tradições, meditaram para entrar no estado de consciência transcendental, onde nós todos nos encontramos em uma única consciência coletiva. Isso é o monoteísmo.

Assim, todos numa consciência só, unida e integrada, podemos corrigir o pecado e a violação espiritual que cometemos no passado. É a correção do caos e da fragmentação da comunicação. A paz mundial não é uma fantasia – é algo concreto e atingível.

E também o que a Bíblia nos conta, sobre uma época em que toda a terra usava 'apenas uma língua e só um modo de falar' não é mais uma ficção, como pode ter parecido! É uma realidade que estamos vivendo e testemunhando hoje, graças à globalização e à troca aberta entre as culturas de nossos tempos.

A Jornada Pessoal

Temos de admitir que apesar de não sabermos qual foi o nosso curto-circuito particular, de qualquer forma, e em termos coletivos, estamos aqui e agora para corrigirmos o curto-circuito cósmico cometido por nós mesmos em outras encarnações. São encarnações que começaram desde a geração da ilha de Atlântida, de Noé, da Babilônia; talvez até antes.

Contudo, não estamos aqui para corrigir o sistema total, mas para começar a nossa autocorreção em particular. É nossa jornada pessoal.

A violação dos direitos autorais, a pirataria, os hackers da Internet são uma fração do caos que está ocorrendo no mundo. Ou seja, há um novo tipo de crime que não pode ser controlado nem punido. É tudo abstrato, confuso, caótico. E ninguém é capaz, nem demonstra capacidade para assumir a responsabilidade de estabelecer um sistema de ordem nessa confusão: nem governos, nem os sistemas de Justiça, de educação formal, ou qualquer outro. Reprimir ou ignorar o sintoma não resolve!

Precisamos criar um novo sistema de leis, para que daqui a dez, vinte, ou trinta anos, consigamos nos proteger dos crimes que vêm sendo cometidos desde os setenta, quando o mundo entrou na era do computador e da informática. Parece uma missão impossível.

A impossibilidade surge se quisermos salvar esse mundo – ou o outro. Como foi dito, o trabalho verdadeiro e que tem valor, começa com cada um de nós!

Saindo do Caos

A origem do caos, seja pessoal ou coletivo, encontra-se no momento em que a força do Desejo de Receber para si mesmo apropriou-se de uma parte da nossa mente, e começou a utilizá-la para dominar a nossa consciência divina. Essa parte que se separou do todo, cria uma visão distorcida e fragmentada da realidade. É somente uma fração da mente que não é capaz de realizar a sua função completamente. Consequentemente, a mente não consegue funcionar como intermediária entre o corpo e a alma, resultando a completa ausência de comunicação entre os três elementos mais importantes do ser humano.

Essa parte é a nossa mente 'consciente' que em termos de porcentagem ativa, representa somente 5 por cento da capacidade total da mente. Por isso os outros 95 por cento ficam adormecidos.

Há um Nome Sagrado que ajuda a sair da consciência fragmentada da mente e nos une com a Mente do Criador.

E também é responsável pela organização de nossos pensamentos. Ele nos ajuda a resgatar o pensamento original da Criação e das Inteligências Divinas da onde todos nós viemos. Esse Nome é:

Mem   Lamed   Áin

Como foi mencionado, somos as almas da geração de Babel, a qual causou a confusão na comunicação. A confusão cósmica resultou em caos interno. Infelizmente, continuamos a repetir os mesmos erros, e caímos nas armadilhas dos mesmos padrões do passado que nos escravizaram e compulsivamente nos obrigam a fazer coisas que não necessariamente queremos. Um exemplo é o vício de fumar – apesar de todo o mundo saber que prejudica a saúde e causa o câncer, mesmo assim é difícil parar. É como se fosse uma força externa que domina a nossa mente.

Esse fato se torna bastante óbvio quando fechamos os olhos e queremos parar de pensar. A mente não para, apesar de todas as tentativas. Ao contrário, quando mais persistimos, pior fica. A mente se revolta e nos castiga: Como você ousa querer me controlar!! Você quer que eu fique quieta, então vou fazer mais barulho ainda! É um tormento, viver no caos causado por nossa memória genética.

Para não repetirmos o mesmo pecado, o mesmo curto-circuito, podemos utilizar esse nome, Áin-Lamed-Mem, com o objetivo de, primeiro, afastar o caos de nossa mente e depois convidar, conscientemente, o pensamento original da Criação. É o alinhamento espiritual.

Também podemos utilizar esse nome em momentos onde normalmente somos tomados pela incerteza e antes de tomar qualquer decisão.

Exercício de Meditação

A meditação é um exercício mental, emocional e espiritual, que consta de três etapas principais:
1. Relaxamento
2. Respiração.
3. Mentalização.

1. **Relaxamento** – É fundamental relaxar fisicamente antes de meditar, para deixarmos o corpo bem tranquilo. Sentar confortavelmente e sem pressão em nenhum órgão ou parte do corpo: Cabeça, pescoço, ombros, a coluna, o peito, os braços, as pernas – tudo bem relaxado.

Pode-se colocar música suave ao fundo e incenso.

2. **Respiração consciente** – o processo físico e mecânico de respirar é transformado em consciente.

A respiração consciente nos ajuda a equilibrar alma, mente e corpo, e ativa a consciência da Restrição. Ao receber e compartilhar o ar que recebemos, instalamos em nós a consciência da Restrição – o Filamento. O ar é o mais importante para viver. Podemos deixar de comer e de beber, mas sem ar não conseguimos viver. E na respiração consciente meditamos em compartilhar justamente o elemento mais valioso para nós. Sem restringir o desejo de receber o ar e transformá-lo em compartilhar – ficaremos sem ar.

É bom fechar os olhos, para sair da influência do mundo da ilusão, o mundo físico, entrando em nosso mundo interior e pessoal.

Em seguida, começamos a respirar conscientemente, sem pressa, bem devagar, bem lentamente, de uma maneira prazerosa – enquanto nossa mente vai acompanhando o fluxo do ar – para dentro... para fora.

Essa respiração é feita pelo nariz, pensando em receber a Luz e absorvê-la dentro nosso corpo, mente e alma. E quando expiramos, também pelo nariz, meditamos sobre compartilhar e canalizar essa força da Luz, da vida, da vitalidade, da energia cósmica para todo o mundo. Assim compartilhamos com todos os seres vivos do Universo, que também usufruem o mesmo elemento, aumentando a sensação de união.

Podemos começar com nossos familiares, amigos queridos e queridas, e aos poucos atingiremos todo mundo, sem diferença de sexo, religião ou crença.

A respiração nos ajuda a alinhar a alma com a mente e a mente com o corpo, criando um ciclo interno de receber para compartilhar, e compartilhar para receber.

Estamos introduzindo dentro do nosso sistema psicológico e espiritual, a consciência da Restrição e o poder de autotransformação.

A coisa mais importante na respiração é sentir o prazer de respirar, o privilégio de estarmos vivos e podermos respirar.

3. **Mentalização** - Ao nos sentirmos tranquilos e calmos, podemos mentalizar ou imaginar as letras:

Mem   Lamed   Áin

Podemos usar a força da imaginação para desenhar as letras diante de nossos olhos. E até repetir o nome das letras em silencio, para que nossa mente acompanhe o processo e focalize nele sem se distrair-se com outros pensamentos.

Agora imaginamos a Luz branca, que é a Luz infinita, a fonte da bondade, da plenitude, da abundância, descendo, entrando em nossa alma, mente e corpo, e passando através das letras, Áin-Lamed-Mem.

A Luz entra em nossa consciência genética e em nossa memória celular, penetrando e chegando à raiz e à fonte da confusão, do caos, da incerteza, da falta de clareza, que às vezes nos atacam, nos deixando confusos, ansiosos e perdidos.

E, através da Luz e das letras Áin-Lamed-Mem, meditamos com a intenção de resgatar a consciência original da mente, dos pensamentos divinos e da ordem divina, para que nunca mais percamos o caminho verdadeiro da Luz, o caminho iluminado que nos leva para a Luz infinita.

A cada respiração para receber a Luz, e a cada expiração para compartilhá-la – ativar a Restrição para nos aliviarmos do Pão da Vergonha.

A Luz continua a descer por nosso corpo, limpando e purificando todas as emoções negativas de nossos corações; abrindo os obstáculos para liberar qualquer energia estagnada e deixando-a fluir novamente.

A Luz continua descendo para todas as partes do nosso corpo, até as pontas dos dedos das mãos e até os dedos dos pés.

Estamos numa bolha de Luz branca que nos envolve e protege do todas as energias negativas.

Podemos repetir esse processo diversas vezes.

Ao terminar a meditação, a Luz volta para cima e as letras desaparecem de nossa visão, mas permanecem em nosso corpo, continuando a vibrar na frequência cósmica original da criação. Aos poucos, voltamos ao ritmo normal da respiração, mantendo a sensação do prazer e da plenitude; permanecemos tranquilos, calmos e conscientes.

Podemos contar até três para sairmos do estado meditativo e voltarmos à consciência diária.

Sem dúvida a meditação traz paz, porque a verdadeira paz é interna. A tentativa de impor ou criar uma paz externa e superficial, sem conhecer o caminho da paz e do equilíbrio internos, é uma batalha perdida.

A Prática

Orar, Compartilhar, Conquistar

Conquistas Espirituais

Devido à forma como valorizamos nossas conquistas puramente materiais, estamos desperdiçando cerca de noventa e cinco por cento de nosso potencial espiritual e energético.

Contudo, a Kabbalah nos oferece a possibilidade de conquistas espirituais. Olha só, ser humano, você pode ampliar a sua capacidade, o seu Recipiente, para receber mais Luz, para se potencializar melhor, para não perder tempo.

 Mas o sonho com o qual o ser humano está envolvido, consciente ou inconscientemente, é o de ser rico o mais rápido possível, para depois descansar. É Pura ilusão.

Há um ditado que diz: Na primeira metade da vida, o ser humano gasta sua saúde para ganhar dinheiro, e na segunda metade, gasta seu dinheiro para ganhar de volta sua saúde. Será que isso faz sentido?

Passar a vida nessas duas fases, gastando saúde, energia e juventude, para ganhar dinheiro, e depois gastar dinheiro para recuperar a saúde, a juventude, a consciência, e a memória, não faz sentido.

Há algo errado com a lógica do ser humano, que está totalmente ligada à consciência robótica, egoísta – fruto do desejo de receber para si mesmo, que é a principal causa do Mal.

O Desgaste no Temporário

Através da meditação e da consciência relativamente nova que adquirimos e despertamos dentro de nós, começamos a perceber quanta energia e força gastamos para atingir coisas insignificantes e triviais. Desperdiçamos quase a vida toda em brigas e atritos com outros, nos quais chegamos mesmo a pisar, tentando chegar às nossas metas.

O carro novo, a casa, a mudança de carreira, dinheiro, salário maior, são pedidos legítimos, entretanto a consciência robótica pode criar uma armadilha, nos fazendo acreditar que a matéria é a fonte do prazer.

Se eu ganhar mais dinheiro, serei mais feliz. Se eu pudesse ganhar um pouquinho a mais, todos os meus problemas iriam sumir!

Se formos motivados somente pela consciência robótica, quem ganha mais acaba gastando mais e se gastando.

Ah, tomara que eu consiga me casar com aquele rapaz! Isso vai me salvar, vai me redimir, vai trazer toda a felicidade. Preciso me esforçar mais!

Talvez sim, talvez, não. Nem sempre os nossos sonhos e desejos são, na verdade, chaves de autorredenção.

Existe um ditado muito sábio que diz: Mais lágrimas foram derramadas por pessoas que receberam o que pediram, do que por pessoas que não receberam o que pediram. Ou seja, as preces que são atendidas causam mais lágrimas do que as preces que não são atendidas.

Nem sempre ganhar é o melhor. É como no futebol, onde os dois times querem ganhar e ambos rezam para o mesmo Deus.

Deus, eu quero ganhar!

E Deus tem que decidir quem vai ganhar. Mas se um time ganha, o outro tem que perder, não é justo. Como Deus vai decidir? Será que Ele prefere um ao outro!?

A vida não é um campo de futebol e Deus não é aquela entidade à qual todo mundo recorre para ganhar no futebol.

Graças a Deus meu time ganhou! Deus, eu te amo!

Mas, um dia, o time não ganha. Tá bom, Deus, da próxima vez você faz o meu time ganhar. Mas olha só, estou avisando, meu time não pode perder demais! Uma vez, tudo bem, eu vou te perdoar desta vez. Mas eu vou rezar mais da próxima vez e meu time tem que ganhar!

Uma conversa, uma barganha, que, embora pareça bastante infantil, é uma realidade que atinge as melhores pessoas.

Para que a Luz nos atenda, precisamos pedir algo que gere Luz Infinita.

Ajudar ao outro – Não!

A Kabbalah explica que ninguém no mundo nasceu para ajudar aos outros e que, sempre que ajudamos alguém, acabamos causando o Pão da Vergonha.

Tantas vezes acontecem brigas e discussões onde as pessoas dizem: Mas eu só queria te ajudar! Porque você me trata assim, depois de anos que eu te ajudei?

Mas, por que ajudar aos outros? Será que alguém nasceu com menos livre-arbítrio do que o outro?

Julgamos os outros pelo estado da matéria. Ah, fulano não tem comida, não tem roupa, não tem dinheiro, precisa de ajuda. Estamos considerando apenas a matéria.

Mesmo que não pareça espiritual, não estamos aqui para ajudar aos outros. O que precisamos saber é como ajudar a nós mesmos. Os outros são apenas espelhos, incentivos. O fim dos problemas chegará quando cada um de nós aprender como se ajudar. É uma lei cósmica que é difícil aceitar no começo, mas se pensarmos bem, tem toda a lógica.

Sem dúvida, quando cada um de nós souber como ajudar a si próprio; assumindo responsabilidade pessoal, mantendo autocontrole, transformando o desejo de Receber em Compartilhar e revelando a Luz sem o Pão da Vergonha – o outro também vai se beneficiar. Mas não vem de nós – e sim da Luz.

Jogar Dinheiro Pela Janela

Todos nós queremos ganhar dinheiro. Mas na verdade, e em essência, o que buscamos receber não é apenas dinheiro e prazer físico temporário; é a energia infinita da Luz, que nos traz o prazer infinito através do dinheiro e também através do compartilhar.

Esse é o comportamento – a chave para não provocar o Pão da Vergonha e curto-circuito.

A única maneira de receber amor é compartilhar amor. A única maneira de receber carinho é dar carinho, respeito. O mesmo acontece com o dinheiro. Temos que compartilhar um pouco do nosso dinheiro para recebermos mais.

Mas compartilhar dinheiro não significa jogar dinheiro fora. Tem muita gente que praticamente joga dinheiro pela janela quando para em um sinal de trânsito e surgem pessoas pedindo esmola. Abrir a janela e dar dinheiro assim é literalmente 'jogar dinheiro pela janela'.

O verdadeiro Papel do Mendigo

Por exemplo, aqui em São Paulo, todo dia milhões de pessoas acordam de manhã e saem de casa enfrentando o trânsito e tantas outras dificuldades. Para quê? Para receber. Com certeza, isso pode criar muitos curtos-circuitos, em forma de acidentes, brigas e perdas, inclusive da própria vida.

Para evitar isso, para sair desse sistema da impureza e da escuridão, precisamos de ajuda.

De acordo com a Kabbalah, o mendigo que encontro na rua veio para me salvar e para me liberar do Pão da Vergonha. E, assim, quando abro a janela para lhe dar uma moeda, não estou ajudando ninguém a não ser a mim mesmo. A piedade é hipocrisia e uma consequência de automentira, que vem da necessidade de sentir-se superior ao outro. Nesse estado de consciência, mesmo ajudando ao outro – o outro vai nos desprezar e nossa ajuda não terá nenhum valor para ele.

A Kabbalah diz: Se você quer dar uma moeda ou não, depende de seu livre-arbítrio, mas saiba por que e para que o está fazendo. Não desenvolva piedade pelo outro. Isso não vai ajudar a ninguém.

Nosso ego nos faz pensar: Sou melhor do que o outro, então vou ajudar ao outro, ao mendigo.

Para a Kabbalah ninguém é mendigo, ninguém é pobre. Pobreza ou riqueza é um estado da mente e não do bolso.

A única necessidade comum a toda humanidade, que está muito além do dinheiro, amor, carros, posses, sucesso – é a autolibertação do Pão da Vergonha.

Pobre é quem não sabe como libertar-se do Pão da Vergonha e continua a criar curtos-circuitos devido à ausência da Luz.

Riqueza ou pobreza em termos físicos, não tem nada a ver com o mundo verdadeiro, real, atemporal e eterno.

Temos que pensar: O outro está aqui só para me ajudar e me dar a chance de me libertar do Pão da Vergonha.

Com essa consciência podemos, agora, abrir a janela e compartilhar, não porque sinto pena do mendigo. Quem precisa de ajuda é a própria pessoa que está dando a esmola, independentemente de sua riqueza ou pobreza. Porque é ele que está com pressa para chegar à reunião. É ele que está preso no trânsito com pressão alta, e continuando a subir. Então, dar uma moeda ao outro é só para se ajudar a sair do obstáculo e da situação estagnada e parada causada pelo Pão da Vergonha. Esse é o motivo de compartilhar.

Temos que lembrar sempre, que cada um de nós está aqui no mundo para se liberar do Pão da Vergonha. Ninguém pode fazer isso pelo outro! Por isso, precisamos do outro para poder dar, seja uma moeda, seja tempo, seja boa vontade, seja amor, para nos aliviar do Pão da Vergonha e receber a Luz, que chegará através do sucesso profissional, financeiro, amor, fama, qualquer coisa que desejarmos.

Todos os desejos são legítimos – o único fator que não é legítimo é o Pão da Vergonha.

Compartilhar, não é partilhar. Não quero dar, quero compartilhar, para eu sentir que estou dando o ao outro porque o outro sou eu. O outro é um espelho de mim.

Isso também é uma maneira correta como praticar o Monoteísmo. O Monoteísmo não é fé em um único Deus. O monoteísmo é o ato proativo de compartilhar com o outro porque o outro sou eu, somos todos Um.

Finalmente agora, depois de três mil e oitocentos anos de escuridão, estamos receptivos para receber essa mensagem.

Compartilhar Com Mais Consciência

O importante é passar a compartilhar com mais um grau de consciência, sabendo da necessidade de nos livrarmos do Pão da Vergonha.

Isso se aplica até em relação aos nossos filhos, pensando: Olha, filho, eu quero compartilhar com você porque, na verdade, você é só um incentivo, uma pessoa-chave que eu preciso para me aliviar do meu Pão da Vergonha. Assim, entramos no sistema da pureza, trazendo a Luz no lugar de frustrações e curtos-circuitos.

Quantas vezes ouvimos a frase: Eu ajudei aquela pessoa, não deu certo. Nunca mais vou ajudar ninguém! Só porque não reconheceram seu mérito você para de ajudar?

Se você não me ajudar hoje, quando você precisar amanhã, eu não vou te ajudar! Essa é a nossa realidade, uma verdadeira extorsão mental e emocional. Com essa atitude, tornamos as melhores relações em barganhas indignas e baratas.

Você me deve uma! Eu te devo uma. Isso não é compartilhar; é o mundo da automentira e da ilusão.

Os sábios da Kabbalah não conseguiram conviver com essa consciência errada, porque queriam compartilhar para se aliviarem do Pão da Vergonha, e receberem a Luz sem curto-circuito. É o compartilhar incondicional. Mas isso foi interpretado como fraqueza.

Ao compartilhar, recebemos a Luz infinita, sem curto-circuito. E, assim, começa a consciência da Restrição.

Quando o rapaz me pedir uma moeda, vou abrir a janela e dá-la, meditando ou ativando o meu Recipiente para compartilhar proativamente, com a intenção de me libertar do Pão da Vergonha, deixando a Luz entrar em mim sem curto-circuito!

O que isso custou, além da moeda? Custou uma atitude proativa.

Vamos ser proativos, e parar de perder as oportunidades que a Luz nos envia. Temos que sair da pressa e da agitação que nos impedem de perceber quando uma pessoa ou uma situação surge, pois não é por acaso. Surgiu para nos ajudar a compartilhar.

A Chance de Corrigir o Passado

Nossa geração é a mesma que viveu na ilha de Atlântida, no tempo de Noé, e, depois na Babilônia, construindo a torre de Babel.

Voltamos, depois de milhares de anos, e estamos fazendo as mesmas coisas que fizemos em gerações anteriores.

Os transgênicos, o genoma, as experiências com o DNA do ser humano e dos animais, tudo isso já foi feito, mas de maneira errada.

Embora nossa geração tenha conseguido, em cinquenta anos, evoluir mais do que outras civilizações em cinco mil anos, temos que admitir que conseguimos, sozinhos, destruir a natureza num período equivalente a cinquenta mil anos. Florestas dizimadas, poluição de oceanos, rios e do ar precisam ser denunciados, recuperados e corrigidos.

Como fazer, então, essa transformação, essa autocorreção?

Segundo a Kabbalah, os 72 nomes sagrados de Deus nos ajudam a penetrar em nossa consciência genética.

Todos os padrões de uma consciência negativa e egoísta estão registrados no interior de nossa memória genética.

Fumar faz com que a nicotina e tudo que o cigarro contém entrem em nosso sangue e atinjam nossa memória genética e se tornem parte integral dela. E não há como nos livrarmos disso, a não ser através de uma cirurgia genética. Curtos-circuitos que tivemos no passado têm esse mesmo efeito.

Quando alguém mata um ser humano, isso fica registrado dentro de sua memória genética. E mesmo que hoje ele não se lembre de ter cometido esse crime em uma vida passada, a memória genética irá persegui-lo até que um dia, sem querer, acabe matando mais alguém. Mas foi por acidente! Tudo bem, talvez o tribunal físico possa absolvê-lo da punição, mas a lei cósmica não irá perdoá-lo.

Assim funciona a justiça perfeita da Luz. E, por este motivo, precisamos trabalhar nossa consciência genética, corrigindo os erros do passado.

A Perfeição

A Kabbalah é uma sabedoria divina, multinacional, global. Transcende o tempo e o espaço, uma vez que não pertence a um país ou a um povo, nem é exclusiva de uma só geração. Não está sujeita às mudanças do mundo cotidiano, e permanece imutável, independente do que aconteça ao seu redor.

Desde Abraão o Patriarca, três mil e oitocentos anos atrás, a Kabbalah é a mesma. O que mudou foi a nossa capacidade de entender como praticá-la em nossa vida.

A Era de Aquário está nos ajudando muito nesse sentido. Hoje a meditação já não é mais vista com tanta incredulidade como há trinta ou cinquenta anos, quando o termo era pouco utilizado no Ocidente.

Hoje, graças à Ioga e ao conhecimento esotérico do Oriente, estamos obtendo muitos benefícios com esse método, que, contudo, ainda não faz parte da rotina de nossa vida. Nosso dia a dia, pleno de preocupações e correria, nem sempre nos permite dispor de tempo para meditar.

No trecho anterior encontra-se um exemplo de como praticar a meditação. Seria bom meditar pelo menos uma vez por dia, durante dez a quinze minutos.

Ao acordarmos pela manhã, antes de fazer qualquer outra coisa, vamos pensar sobre o dia. Tentar planejar mentalmente nossos desejos, sonhos, opiniões, compromissos, reuniões, a fim de prever o dia.

A Kabbalah não promete que assim que começarmos a aplicar seus ensinamentos, nossa vida vai se tornar maravilhosa. Isso seria exagero.

Contudo, explica que a perfeição existe; o mundo perfeito já existe, mas não é fruto do nosso trabalho dentro do mundo físico.

Talvez a tragédia do ser humano seja querer atingir a perfeição através do mundo físico, o que é impossível. O mundo físico foi criado para ser imperfeito, ou seja, marcado pela ausência da Luz.

Na verdade, a perfeição que todo mundo quer atingir na vida, origina-se da Luz infinita, que significa perfeição total, absoluta, eterna, infinita.

A Decepção Com a Matéria

Nos dias de hoje, em nossa geração tão materialista, estamos sentindo uma decepção imensa, porque nada que pertença ao mundo da matéria tem a capacidade de nos preencher da mesma forma que a Luz Infinita.

Se, por um lado, temos acesso a uma enorme quantidade de coisas materiais que queremos receber, adquirir e possuir, por outro, encontramos o vazio, a sensação de decepção criada pela compulsão do mundo da matéria.

Isso não significa que a matéria seja ruim. Tudo depende do livre-arbítrio do ser humano. Dinheiro, sexo, poder, amor, paixão, compaixão, sucesso, trabalho, relações, tudo é, potencialmente, uma força.

A Criação inteira, na verdade, é uma força em potencial que está esperando o despertar do ser humano, para potencializar a energia cósmica eterna que é a Luz Infinita.

Mas onde fica essa Luz?

Ela está aqui, no mundo da matéria. Através da matéria, podemos adquirir a perfeição. Ou seja, a perfeição pode ser alcançada através da matéria, mas não na matéria. A matéria pode ser o meio, não o fim para alcançar a perfeição da Luz.

A Prática

A Intervenção Divina

A Lei de Causa e Efeito

A lei de causa e efeito é a mais básica e elementar para manter o equilíbrio da natureza e da criação. Seja física ou espiritualmente – é a fundação da justiça divina. Em termos simples: Qualquer ação gera uma reação igual.

Da lei física podemos fugir se não formos pegos. Contudo, em relação à lei divina, não temos chance! Por quê?

Porque fomos nós que criamos as leis cósmicas, inclusive essa. Não somente as criamos, mas também criamos as condições e as consequências se as quebrarmos. Além disso, aceitamos tudo consciente e voluntariamente.

Onde? Quando?

A resposta para essa pergunta pode nos desagradar. De qualquer forma, é verdadeira. Tudo isso aconteceu quando ainda estávamos em dimensões astrais e atemporais, planejando a Criação com a consciência do Criador, que era bem evidente para nós ali. Ocorreu numa dimensão já esquecida por nós, mas ainda assim, tudo ficou registrado em nossa consciência divina e até em nossa memória celular.

Existe um mistério que nunca será resolvido pelo mundo da ciência: De onde a semente sabe crescer, se dividir, se diferenciar, transmitir informações e ordens para toda parte, e receber de volta respostas, observações e até sugestões e reclamações de todas as células daquele órgão ou ser vivo? E ainda mais, ela é capaz de fazer as correções e modificações necessárias – de onde vem todo esse conhecimento?

Para a Kabbalah, não é um mistério. A fonte desse conhecimento vem do mundo espiritual. E uma vez que se acessa essa fonte, todos os mistérios desaparecerão!

Meditar e exercer a Restrição faz parte da técnica espiritual que nos permite intervir e interceder nos processos que estão já fixados e nas consequências predeterminadas pela lei de causa e efeito.

Qualquer ato feito nessa vida ou em outra, mesmo que tenha sido esquecido, fica registrado na consciência do coletivo – em Elohim. Depois de um tempo determinado (ou predeterminado) o efeito ou a consequência daquele ato aparecerá na vida de quem o causou.

Se o ato foi negativo, claro que o efeito será também. A única diferença é que na causa, o ato machucou o outro, enquanto o efeito machucará a própria pessoa que é a causa daquele ato.

Se o ato foi positivo e revelou a Luz para a pessoa e para o outro, o efeito também aparecerá!

Livre Arbítrio versus Predeterminação

O livre arbítrio, como qualquer outro assunto, é relativo. O que decidimos através de nosso livre-arbítrio no Infinito, na condição de Recipiente, quando fizemos a Restrição e passamos pela autotransformação, como dito anteriormente - no Finito já virou uma lei cósmica, para nós, uma regra obrigatória. Não temos como mudar isso.

Às vezes, sentimos dificuldade de assimilar este princípio tão simples, que está além da nossa natureza. Porque a nossa natureza física é o desejo de receber para nós mesmos.

Esse fenômeno não é ruim. É a nossa natureza. Porém, por sermos seres humanos e por desejarmos ser seres divinos, temos que superar esta tendência robótica.

Quando um bebê nasce, umas das maneiras de saber se ele é saudável, é colocar o dedo na palma de sua mão. Se ele fechar, seguramente é um bom sinal! Tem um forte Desejo de Receber.

A natureza do bebê é querer receber. Ele demanda comida e atenção sem importar-se com o que está acontecendo ao seu redor e sem ter consideração pelos outros; muito menos por sua mãe que quer dormir à noite. Mas, aos poucos, ele cresce e se torna uma criança, um adolescente, um adulto, e começa a entender: Olha só, eu não estou aqui sozinho, há outras pessoas. Eu preciso levar em consideração as necessidades, os desejos e as vontades dos outros para criar uma vida mais harmoniosa.

O processo da vida é simples, mas nem sempre conseguimos fazer a transformação do desejo de receber para o de compartilhar. Normalmente podemos levar em consideração a vontade da esposa, do pai, da mãe, da família, mas levar em consideração a vontade de cem, de mil pessoas e entrar em harmonia com a divina consciência coletiva humana – Elohim – nos parece uma missão impossível.

Como vou conhecer seis bilhões de pessoas? É fisicamente impossível. Mas a vontade de seis bilhões de pessoas aqui na Terra afeta o meu desejo, o meu destino e a minha vida, para o bem e para o mal.

Ou seja, além do meu círculo particular, existe um círculo coletivo que também tenho de levar em consideração; e nele se encontra inserido o sistema da justiça.

A justiça cósmica é perfeita, não é um sistema que o ser humano tenha criado devido a interesses pessoais. Ele nos ensina a lei de causa e efeito.

Desta forma, uma causa negativa, terá um efeito negativo. Não há como nos esconder ou fugir disso. Essa 'causa' passa por um processo, no qual pode demorar décadas ou até séculos para aparecer o 'efeito'. O efeito é o decreto do Divino. E nós participamos desse processo da Justiça Cósmica – mesmo não lembrando, nós concordamos com o resultado que surge. A responsabilidade é puramente nossa.

Modificando Nosso Destino

Podemos, contudo, modificar o nosso destino conhecido pelo termo Karma ou Tikun, ao exercitar nosso livre-arbítrio. Ao contrário do animal, o ser humano possui livre-arbítrio.

Por este motivo a Kabbalah não aceita a teoria da ciência que afirma que o ser humano é meramente um animal mais sofisticado. Temos uma parte da nossa consciência que pertence ao reino animal, mas também temos algo extra, que é divino, que o animal não tem e jamais terá.

Esse lado divino nos confere o livre-arbítrio para mudar o destino, a partir da raiz, a partir de nossa memória genética.

Se alguém roubou o outro, o fez devido a uma tendência robótica, uma força compulsiva dentro dele. É uma força compulsiva que vem do ego, e que o obrigou a roubar.

A alma, ou seja, a Luz dentro daquela pessoa, não quis roubar. Mas algo negativo, a força da maldade, dominou sua consciência e a fez cair na armadilha do curto-circuito, e ela acabou cometendo um ato negativo.

Sem despertar e estar consciente da 'causa', aquela pessoa tem de sofrer a consequência do seu ato, e pagar a dívida cósmica que criou segundo o decreto celeste. Esse decreto foi decidido e determinado livremente pela Divina Consciência Coletiva de toda a humanidade juntamente com a alma daquela pessoa. Sem a alma concordar, o decreto não passa.

Porém, se a pessoa acorda e quer mudar o decreto que determinará o seu destino. Como fazê-lo?

A resposta está na intervenção divina sobre a mudança genética. Temos que penetrar em nossa memória genética, onde está registrada a tendência robótica de roubar, mentir, fofocar, ou qualquer outra atitude negativa – como fumar demais, comer demais, falar demais, e todos os exageros que nos prejudicam.

Chamando o Divino

Esperar pela clemência de Deus – talvez seja em vão! Já que nossa alma concordou com o decreto. E o que é considerado livre-arbítrio para ela, para o corpo é obrigatório. A não ser que seja aplicada a meditação e ativemos a consciência proativa.

A meditação, conforme explicado, feita com a respiração consciente, nos ajuda, primeiro, a afastar o Desejo de Receber, que vem do corpo, do Desejo de Compartilhar, que vem da Luz. Assim, estabelecemos dentro de nós o filamento e o poder da Restrição que transforma o Desejo de Receber no de Compartilhar. Em outras palavras, afastamos a 'causa' do 'efeito'. Porque o 'efeito' que aparece em nossa vida é o de curto-circuito, que também vem da Luz, mas sem a Restrição que precisávamos ter feito na 'causa', e não fizemos. E agora com o filamento estabelecido, podemos unir de volta os dois polos para gerar a Luz sem curto-circuito.

Nesses momentos de Restrição e de autotransformação, quando abrimos o canal do meio, a Luz que entra em nosso sistema através de nós, é a Intervenção Divina.

A Luz que entra cancela o decreto. Ela corta a conexão entre a causa e o efeito. E agora a pessoa, com sua consciência divina recuperada, e com o livre arbítrio da alma, pode reprogramar o 'efeito'.

Os Nomes Sagrados são chaves energéticas para sairmos da consciência de vítima. Porque somos vítimas – de nossa própria ignorância.

Oração é Autoconexão

A oração sem meditar, sem ativar a mente espiritual e sem despertar a nossa consciência divina se torna vazia. A autoconexão resulta de combinar a oração com a meditação.

Através das meditações e das orações, queremos despertar, dentro de nós, a nossa própria fonte de bênçãos, plenitude, abundância, saúde e prosperidade. E esse é um princípio que deveria ser ensinado desde a infância.

Infelizmente, nossas escolas não ensinam como viver, embora tenham a preocupação de nos mostrar como ganhar dinheiro.

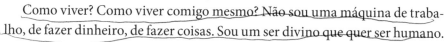

Como viver? Como viver comigo mesmo? Não sou uma máquina de trabalho, de fazer dinheiro, de fazer coisas. Sou um ser divino que quer ser humano.

Talvez tenhamos esquecido que quem criou nossos problemas e bloqueios fomos nós. É mais fácil esquecermo-nos do mal que fizemos, do que o recordarmos. É uma tendência do ego. *Fui eu que fiz isso? Não fui eu, foi o outro.*

Enquanto o ego fica negando a responsabilidade, a alma diz: estou aqui para me corrigir, para anular o Pão da Vergonha e receber de volta a Luz Infinita.

Ao contrário do que estamos acostumados, nossas orações não devem ser para implorar algo a Deus ou a alguém.

Orar, para a Kabbalah, significa entrar no processo de autoconexão para despertarmos nossa própria memória divina.

O mundo não precisa mais *seres* humanos, ele precisa seres *mais* humanos.

Parte 3
A Mudança

A Mudança

Ascenção:
O Salto Quântico

A Mudança

Uma das lições mais difíceis para aprendemos na vida por causa de nossa teimosia, é que o primeiro passo necessário para realizar qualquer mudança é chegar ao ponto ou ao estado de 'aceitação'. Isso pode demorar muito tempo até que finalmente nos entreguemos. A Kabbalah quer facilitar esse processo que pode ser bem dolorido. É fundamental primeiro reconhecer e aceitar a situação que apareça, não importa qual que seja, e só depois prosseguir para mudá-la. A mudança interna também começa com autoaceitação. Enquanto não chegarmos ao estado mental de autoaceitação não teremos chance de mudar a nós mesmos.

O exemplo é uma pessoa doente. Enquanto ela não admite estar doente, não há como oferecer-lhe um remédio ou qualquer tratamento. E realmente, existem pessoas que têm dificuldade de admitir estarem doentes, seja por medo ou resistência em aceitar a ajuda de outro. É uma forma do ego não admitir sua fraqueza – é o medo de Receber!

Somente depois de a pessoa admitir que esteja doente, ela poderá ser 'admitida' em uma clinica para ser tratada.

Na vida em geral, de uma forma ou outra, a alma ou a psique de toda a humanidade, e especialmente dos encarnados, está sofrendo de uma ou outra doença. Mesmo não se manifestando fisicamente, o desequilíbrio energético que afeta nosso estado mental e emocional permanece no subconsciente. E sem tratá-lo ele gerará doenças físicas no futuro.

Estudar os ensinamentos da Kabbalah ou de qualquer outra disciplina espiritual inclui duas etapas. A primeira é o próprio processo de ler, aprender, estudar, etc. A segunda é assimilar os ensinamentos e incorporá-los em nossa vida até que se tornem uma parte integrante de nossa consciência e comportamento. Essa etapa nos leva à autoaceitação; o significado espiritual e mais profundo da palavra Kabbalah em hebraico, fora de o 'Receber', é: 'ACEITAR'.

É o 'aceitar' e não o 'negar' que abre o caminho ao subconsciente para ele assimilar os ensinamentos para fazerem parte integral em sua essência. Enquanto o ser humano vive em autonegação do seu estado espiritual que está pedindo o tratamento adequado, esse caminho permanecerá fechado.

Kabbalah e iluminação espiritual não necessariamente implicam em fazer algo específico, e sim em alcançar o ponto de aceitar nosso estado de ser.

Assim começa a real mudança, sem esforço, sem dor e sem nenhuma turbulência, porque é a Luz que então tomará conta da mudança.

A Linguagem da Máquina

Qualquer máquina conhece uma linguagem muito básica. É a linguagem de 'tem força elétrica' ou 'não tem força elétrica'; 'Ativado' ou 'Desativado'; 'ligado' ou 'desligado'. E em forma de linguagem humana – 'sim' ou 'não'.

As escolhas e as decisões que tomamos todos os dias são baseadas nesse sistema de linguagem. Aceita Café? Sim ou não!

Da mesma forma, o significado pode ser espiritual, baseado em escolha ou em ativar o livre arbítrio: Quero a Luz! Não quero a Luz!

Nosso corpo pode ser encarado como uma máquina que entende duas situações: 'Tem força' ou 'Não tem força'; 'Ligado' à Luz ou 'Desligado' da Luz. É claro que quem faz a escolha e determina é a consciência da alma.

Contudo, se a alma não tem controle do corpo, e quem o controla é a consciência de 5%, motivada inconscientemente pelo subconsciente que sofre de desequilíbrio, então podemos esperar que o instinto compulsivo do Desejo de Receber para si mesmo, o prazer, vá motivar o corpo. Ele poderá 'ligar' a máquina enquanto ainda não está pronta para Receber, e com isso, ela acaba se queimando.

Por outro lado, se a alma retomar controle do corpo, ela irá prepará-lo para a entrada da Luz. Nesse caso, a pessoa fica 'ligada' à Luz Infinita e recebe o prazer sem se queimar.

No final, o que o corpo ou a linguagem da máquina entende, é o código binário: 1 = Ligado – 0 = Desligado. Essa é a base da linguagem do computador e também do nosso mecanismo interno.

O ser humano também passa por essas duas situações – ser ativo ou descansar. Ser ativo é quando o Desejo de Receber é ativado. O estado de descansar deve ser usado para preparar o Recipiente e fortalecer o Filamento da Coluna do Meio e da Restrição, para estar pronto a ativar o Desejo de Compartilhar através do processo de autotransformação.

Temos os dias da semana com energia ativa e temos o fim da semana para descansarmos. Temos o dia para sermos ativos e temos a noite para dormir e descansar.

Todos nós queremos a Luz, mas precisamos passar por essas duas fases: temos que sentir a presença e a ausência da Luz.

Quando a Luz está presente, não precisamos fazer Restrição, temos que compartilhá-La. Mas quando entramos na escuridão, quando não há Luz, precisamos fazer a Restrição para gerar Luz de novo.

Por que entramos na escuridão? O conceito do Tikun nos explica que precisamos entrar na escuridão para poder transformar a escuridão em Luz.

O estado de escuridão faz parte do livre-arbítrio e de nossa missão em geral, a de escolher entre o Bem e do Mal.

O computador não entende a linguagem do ser humano, seja inglês, francês, ou outra – que aparecem como idiomas superficiais – o que é importante para ele é a passagem de corrente elétrica ou a falta dela! Nós funcionamos de forma análoga. No fundo de nossa consciência interna da alma, que é conectada à consciência de Elohim, o que nos importa é a passagem da Luz Infinita ou a falta dela. Elohim entende essa linguagem básica e fundamental.

Mas diferentemente do computador, Elohim, mesmo dependendo do ser humano, não quer se queimar por causa da ignorância dele. Então existe um "programa" Cósmico que regula o processo da revelar a Luz. Como um ser humano que mexe no computador, esse programa vai traduzindo os sinais mais complexos em linguagem da máquina.

O Programa de Quatro Letras

De forma similar ao sistema do computador, esse programa cósmico consta de diversos níveis, onde cada nível se afasta um pouco mais da linguagem da máquina e aproxima-se mais da linguagem do ser humano.

O primeiro nível é feito de quatro letras – o Tetragrama – formado pelas letras hebraicas: *Iud Kei Vav Kei*. O Tetragrama é o programa principal e fundamental da Criação.

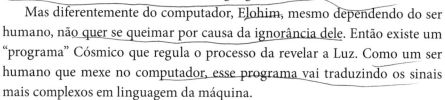

É bom lembrar que estamos falando em Inteligências Divinas e vivas. Esse Nome sagrado de quatro letras é considerado o nome mais sagrado entre todos os outros Nomes. É considerado assim, porque ele inclui em si todos os Nomes sagrados. É o mais potente! Existe na Torá a proibição de chamar, ou pronunciar, o nome de Deus em vão. Mas se Deus tem tantos nomes, qual é o nome que é proibido chamar em vão? O Nome que se refere a ele é o Tetragrama.

E também, o que significa em vão?

Todos nós conhecemos a história do rapaz que gritou Lobo! Lobo! Fazendo com que as pessoas da aldeia corressem para salvar o rebanho do pretenso lobo. Mas não havia lobo nenhum, porque o rapaz estava mentindo. Ele fez isso duas, três vezes. Quando o lobo veio de verdade, e o rapaz foi chamar as pessoas, ninguém acreditou mais nele, a confiança estava perdida. Assim, o lobo comeu todas as suas ovelhas.

Em vão significa sem a intenção correta e certa. Assim, temos que conhecer o Nome Sagrado, e sua função verdadeira para não chamá-lo em vão, sem a função certa e correta.

Se eu chamar uma entidade divina em vão uma vez, duas vezes, três vezes, talvez na quarta vez, quando eu precisar, ela não venha me atender.

Por isso, ao invés de pronunciar o nome como está na Bíblia costuma-se dizer *Iud-Kei-Vav-Kei* – ou pronunciá-lo como - Adonai

Esse é o programa mais básico, mais profundo, da Criação, que nos permite criar o Recipiente completo e perfeito, capaz de receber e compartilhar a Luz Infinita sem Pão da Vergonha e sem nenhum curto-circuito.

Consequentemente, para chamar esse Nome e pronunciá-Lo na mesma forma que está escrito, temos que estar em consciência perfeita e absoluta de compartilhar a Luz Infinita, sem nenhum Desejo de Receber para nós mesmos. Fora disso, são necessárias três condições mandatórias antes de chamá--Lo: 1. A pessoa certa - o sumo sacerdote; 2. O dia certo - Iom Kipur, o dia de perdão; 3. O local certo - o Santo dos Santos no Templo Sagrado em Jerusalém.

Os outros Nomes Sagrados são capazes de receber e compartilhar Luz, mas não a Luz Infinita, apenas uma parte dela. Por isso, obviamente, são menos potentes e o grau da sua santidade é menor, porque é exigido deles menos poder de compartilhar, já que não precisam compartilhar a Luz Infinita, mas uma quantia menor de Luz.

Isso não quer dizer que são 'menos' sagrados – porque tudo é relativo! É uma vez que os outros Nomes exercem o seu Desejo de Compartilhar graças ao livre-arbítrio do ser humano e eles compartilham plenamente a quantia da Luz que é designada a eles fazerem – o resultado é uma plena sensação de revelação da Luz Infinita.

Um copo cheio é um copo 'cheio' – não importa o tamanho dele!

ELE E SEU NOME SÃO UM

O que significa 'Nome' ou 'Nome Sagrado'?

Para termos uma explicação desse conceito, é necessário usar o hebraico e a Gematria hebraica (ou a Numerologia da Kabbalah em hebraico).

Os sábios da Kabbalah descrevem a situação do Infinito onde a Luz e o Recipiente estão em um estado de plena harmonia e total união com as seguintes palavras:

| Echad | u'shemó | hu |

Ele e Seu Nome são Um

'Ele' alude à Luz Infinita, o Criador.

O 'Nome' alude ao Recipiente, a Criatura.

שְׁמוֹ (Shemó) - Seu Nome - = (Ratsón) רָצוֹן = Desejo

שׁ = 300	ר = 200
מ = 40	צ = 90
ו = 6	ו = 6
346	ן = 50
	346

Então a conclusão é que o termo Nome alude ao Recipiente e ao Desejo de

Receber. O conceito de denominar algo ou alguém é uma forma de estabelecer um limite, ou uma definição que fixe as barreiras ou os limites. A Luz Infinita não tem limites, por isso não tem um Nome. O Nome se refere apenas ao Recipiente. Aqui aumentamos nossa compreensão dos Nomes Sagrados.

Primeiramente, cada Nome define e dá limites a um Recipiente específico, e pelo Nome se pode discernir entre os diferentes Recipientes. Havendo um Nome Sagrado, fica definida a qualidade do Recipiente que tem Desejo de Receber sempre e incondicionalmente para Compartilhar.

O Nome determina a quantidade da Luz Infinita que aquele Recipiente é capaz de Receber e compartilhar sem gerar curto-circuito. O conceito de "excesso de Luz" é relativo ao Nome.

O Nome Sagrado de quatro letras – Iud, Kei Vav Kei – o Tetragrama, é o Nome mais sagrado de todos porque é capaz de Receber a própria Luz Infinita e compartilhá-La incondicionalmente. É o Desejo original que foi criado no Infinito e que une todos os outros Nomes em um só. Em outras palavras, Ele reúne todos os Recipientes de volta de um só Recipiente Infinito.

O Tetragrama

O Tetragrama não é a Luz infinita, não é o Criador infinito. Na verdade, este nome sagrado de quatro letras surgiu depois do Tsimtsum, após a Restrição, quando se originaram os diversos níveis de Recipientes. Ele manifesta o principal módulo; os trechos e as trilhas espirituais que todos os Recipientes têm que seguir para evoluir, após de terem saído do Infinito, e embarcado na jornada Cósmica, até que consigam realizar a intenção e o propósito do Tsimtsum no mundo físico.

A Contração fez com que o Recipiente saísse do Infinito – uma saída que representa uma mudança de consciência, e não uma saída física – e que vários Recipientes fossem surgindo em diversos níveis até assumirem a forma de letras e nomes.

É interessante observar que o DNA também é criado por quatro blocos de sequências, ou seja, de quatro elementos básicos de aminoácidos.

Os quatro elementos básicos espirituais surgem primeiro no mundo espiritual, para depois se refletirem no mundo físico.

Para nós, um idioma é algo que serve para a comunicação entre pessoas, povos e nações. A Kabbalah, entretanto, nos diz que é possível utilizar a força espiritual, esotérica, oculta, da língua hebraica para realizar uma comunicação intergaláctica, para transcender as limitações, bloqueios e barreiras do mundo físico, e reativar a comunicação com as entidades divinas que fazem parte de nossa própria consciência pessoal. Há sempre uma comunicação espiritual entre nós e elas, mas é inconsciente de nosso lado. A informação trocada fica registrada em nosso código genético.

Em outras palavras, a consciência divina de Elohim, que se incorporou em nosso físico, está registrada em nosso DNA.

E esse é o segredo das orações, que quase ninguém conhece. Há várias formas de rezar segundo diferentes seitas, grupos e religiões.

Também há os que preferem não rezar de acordo com um método específico: Vou fazer as minhas orações, e, se Deus existe, Ele vai me ouvir. Se não, tudo bem, eu vou fazer a minha parte.

O Deus [1]In-Visível

O ser humano vive procurando alguém fora da Terra que esteja nos olhando, supervisionando, examinando ou testando. Mas isso faz parte da mentalidade da Idade Média, uma era de ignorância espiritual.

Hoje, na Era de Aquário, temos que parar de procurar alguém lá fora e descobrir que tudo está dentro de nós. Essa é a base da Kabbalah.

Lá fora é apenas uma projeção física do que existe dentro de nós. Se estivermos vazios de consciência, só encontraremos o vácuo, o vazio. Se, contudo, estivermos cheios de Luz, de consciência divina, então vamos encontrar um mundo repleto de consciência espiritual.

A meta da Kabbalah é transformar a 'fé cega num Deus invisível' em iluminação espiritual, para enxergarmos a Luz em nossa vida através de nossas ações e de nossa consciência. Foi nossa 'cegueira espiritual' que causou a 'invisibilidade' de Deus.

---

[1]O termo *In* em inglês e em latim significa dentro. O sentido dessa construção seria: visível dentro.

O ser humano não chegou a um nível de consciência onde seja capaz de compartilhar e canalizar a Luz infinita, porque ainda não mergulhou na consciência genética, ligada ao Tetragrama, Iud-Kei-Vav-Kei, o nome mais sagrado, capaz de receber, manter e compartilhar a Luz infinita.

Assim transformamos o invisível em In-Visível. Para enxergarmos a Luz, temos de transcender as barreiras do físico e entrar no fundo da nossa consciência divina que segue a ordem da Árvore da Vida e das Dez Sefirot.

Árvore da Vida

O termo Árvore da Vida aparece na Bíblia e é relacionado ao paraíso. Depois do pecado, Adão e Eva foram expulsos do paraíso para não comerem da Árvore da Vida.

A entrada de volta no Paraíso depende da correção e da autotransformação. Para atingirmos correta e seguramente essa meta é fundamental reaprender a Linguagem da Consciência da Árvore da Vida.

A palavra básica dela é o termo Sefirá. Ele vem da palavra safira, a pedra preciosa, que brilha. Assim, Sefirá ou, no plural, Sefirot, significa brilho ou emanação luminosa.

A Linguagem dos Galhos

Todos os idiomas que conhecemos são frutos do ser humano que inventou, no decorrer do tempo, meios de comunicação para suprir uma necessidade física de comunicar-se com o outro.

Em relação ao divino, é diferente. Inventar um sistema humano que vem do físico para comunicar-se com o metafísico seria obviamente absurdo. Por isso os sábios da Kabbalah encontraram uma língua cósmica pronta. E usavam essa língua como forma de comunicação entre eles, e inclusive com o divino.

Cada palavra vem do físico que é considerado o efeito e o 'galho' em relação ao metafísico, que é causa e raiz. Então, cada palavra nessa língua nos conecta ao seu sentido espiritual e a sua raiz. Assim não haverá erros no entendimento – cada palavra tem um sentido só. É como nos cabelos, cada fio nasce de uma só raiz.

As Dez Sefirot

Os conceitos e os nomes das Sefirot aparecem no terceiro nível das linguagens cósmicas, o que facilita a compreensão desse código. O primeiro é a dos opostos: Há Luz – Não há Luz. É um estado de ser, com uma linguagem e um nível de consciência, que são difíceis para o ser humano vivenciar e sujeitar-se a essa regra severa: ou Luz Infinita, ou absoluta escuridão.

Por isso, no nível seguinte apareceram as quatro letras do Tetragrama, uma linguagem cósmica mais palpável e fácil de entendermos, porque inclui o mundo das formas, que as letras hebraicas mostram e manifestam. Entretanto, ainda abstrato para a mente humana absorver completamente.

Em seguida aparecem as Sefirot, que são as diversas manifestações energéticas do Recipiente. São nomes que conhecemos do nosso mundo físico, mas com implicações em relação ao mundo superior.

Nesse nível podemos perceber o movimento que dá uma sensação de evolução. E também atributos, com os quais podemos ou não ter afinidade. É a linguagem mais próxima à consciência humana que nós conhecemos.

A Narrativa do Universo

Kéter = Coroa

O primeiro Recipiente que surgiu depois da Contração foi a Sefirá Kéter, que significa coroa. Como mencionado anteriormente, estamos aprendendo a linguagem da Kabbalah, aonde as palavras vêm do mundo físico, mas cujo significado indica sua raiz no metafísico.

Assim, não estamos falando de uma coroa física, porque na verdade, este nome não foi uma escolha dos sábios da Kabbalah, mas um termo que eles descobriram para revelar o verdadeiro significado desta Sefirá.

A coroa é do rei, mas pertence ao reinado, ao império, ao público, às massas. É o rei quem a coloca na cabeça, mas ela não lhe pertence, tanto é que, quando o rei vem a morrer, a coroa passa para seu sucessor, que herda, além dela, o reinado, o domínio.

O mesmo se dá com a Sefirá Kéter. Vem do Infinito, entra no mundo físico da Contração (ou da Restrição), mas ainda pertence ao Infinito. É como um elo que liga todas as Sefirot ao Mundo Infinito.

A Sefirá Kéter corresponde à pontinha da letra Iud do Tetragrama. Esse ponto foi o primeiro surgimento do Infinito no Finito.

Chochmá = Sabedoria = Letra Iud

A Sefirá Chochmá – significa sabedoria – corresponde à própria letra Iud do Tetragrama. Pronuncia-se Hohma. Embora em português "ch" tenha o som de "x", os livros costumam usar "ch" para indicar a forma gutural de se pronunciar a letra Hei, que é o som que vem da garganta, Hohma.

Biná = Compreensão = Letra Hei

A terceira Sefirá pertence à letra Hei do Tetragrama. É importante lembrar que consideramos as letras não apenas como formas, mas como inteligências e que nosso corpo, cada célula, apresenta uma forma e expressa uma inteligência – a da alma.

Assim, a letra Hei é uma forma que representa a inteligência da Sefirá Biná. Biná, em hebraico, significa inteligência, compreensão ou entendimento.

Zeir-Anpin = Letra Vav

Zeir-Anpin – que corresponde à letra Vav do Tetragrama – é um termo que significa Pequeno Rosto ou Pequeno Nariz. São palavras do mundo físico que, para nós no começo não fazem muito sentido. Aos poucos, contudo, passaremos a ter familiaridade com essa linguagem da Kabbalah, e seremos capazes de entendê-la e utilizá-la em nossa forma de pensar.

As Subdivisões de Zeir Anpin

Zeir-Anpin, o Pequeno Rosto, na verdade, consiste de seis subdivisões, ou seis Sefirot, que são Chêssed, Guevurá, Tifêret, Nêtsah, Hod e Iessód.

CHÊSSED = A primeira Sefirá de Zeir Anpin, o Pequeno Rosto, é a Sefirá Chêssed – que significa Misericórdia ou Benevolência – e pronuncia-se Héssed.

GUEVURÁ = A segunda, Guevurá, significa Julgamento, mas pode significar também Heroísmo e Valentia.

TIFÊRET = A terceira, Tifêret significa Beleza. NÊTSACH = A quarta, Nêtsach, significa Vitória ou Eternidade.

HOD = A quinta, Hod, significa Glória. Pode significar também Majestade.

IESSÓD = A sexta, Iessód, significa Fundação.

Malchut = Reino = Letra Hei

A segunda letra Hei do Tetragrama correspondente à Sefirá Malchut, significa Reino. Pronuncia-se Mal-Hut.

São quatro etapas em princípio, onde a Sefirá Kéter, ou a pontinha da letra Iud, é considerada a 'semente'. Assim o Recipiente passa por quatro etapas, ou fases, até manifestar-se. Sefirá Malchut, ou a segunda letra Hei do Tetragrama, é a fase da manifestação.

Em resumo, a narrativa do universo conta uma história sobre um Rei, que se estende desde a sua Coroa até o seu Reino. Porém, quem é o Rei? E onde fica o seu Reino?

O Rei e o Escravo

Para a sabedoria da Kabbalah, o termo 'Rei' em seu sentido espiritual, representa o poder de exercer o máximo livre-arbítrio, e ter controle e domínio total de seu destino e de sua vida.

Da mesma forma, o termo 'Escravo' representa a máxima ausência de livre-arbítrio. É alguém que não é o seu próprio dono, e nem é considerado um ser humano, mas uma posse, que pertence a alguém. Vive de acordo com os desígnios de um soberano.

É interessante dizer que em hebraico Rei é *Mélech*. Consta de três letras: מלך - *Mem, Lamed, Kaf*. A palavra pode ser vista como acrônimo de outras três:

Mem – Môach = Cérebro
Lamed – Lêv = Coração
Kaf – Kavêd = Fígado.

Quem tem essa ordem significa que o cérebro e a mente dominam os outros órgãos inferiores. Quem deixa o coração e seus desejos sensuais dominar, então vira: לִמּך - Lêmech, que significa um bobo. Quem deixa o fígado, em hebraico Kavêd, que vem da palavra Kavód que significa orgulho, e que é o órgão da raiva e da ira, dominar, então vira – כלם - K'*lum*, que significa nada ou ninguém.

Um Reino Sem Escravos

Nossa intenção é utilizar o Tetragrama – o nome sagrado *Iud-Kei-Vav-Kei* – para realizar a consciência e a capacidade de sermos reis, donos do nosso próprio destino.

Será que no Reino espiritual todo mundo pode ser um rei e ninguém escravo? Sim, porque um rei físico precisa de alguém sobre quem exercer esse papel. Portanto, isso só acontece no mundo físico e não no espiritual.

.No mundo espiritual todos nós podemos nos transformar em reis, sem precisar ter escravos, porque o rei espiritual não é mais escravizado ao seu Desejo de Receber para si. Ao exercer o seu livre arbítrio, ele próprio controla e determina seu destino.

Ao seguirmos a ordem divina poderemos sair da escravidão, e entrar no Reino Celeste.

No final, o Rei é aquele que domina o seu próprio Desejo manifestado em *Malchut* – seu Reino.

Reino Celeste - Malchut Shamaim

Nas Escrituras Sagradas existem muitas referências ao Reino Celeste – em hebraico, Malchut Shamaim.

O ser humano em geral fica nessa fase de Sefirá Malchut. Mas porque não entra?

De certa forma, Sefirá Malchut é dividida em duas partes, não fisicamente, mas em termos de consciência. O 'Rei' e o 'Escravo' vivem ambos no mesmo Reino – um com consciência do Rei e outro do Escravo. Quem determina é a própria pessoa, ninguém mais.

Uma parte de Malchut está no mundo da matéria, enquanto a outra se encontra além do mundo da matéria.

O grau de consciência do Rei em relação à do escravo determina o nível de Malchut em que vivemos. Quando mais consciência do Rei nós tivermos, mais viveremos no Reino Celeste – e vice versa.

A fim de iniciarmos a subida para entrar no mundo espiritual, temos que começar a partir do primeiro grau, que é a Sefirá Malchut. Sempre melhorando e aperfeiçoando o nosso livre-arbítrio e a consciência proativa de autotransformação, assim podemos subir para o grau seguinte na escala espiritual das Sefirot. Essa Sefirá pertence a um Recipiente específico. O Nome dele é Elohim. Quando mais despertamos dentro de nós a divina consciência de Elohim mais teremos domínio na Sefirá Malchut.

De Um a Dez

Para os sábios da Kabbalah, o conhecimento das dez Sefirot tem a mesma importância que saber contar de um a dez. Sem conhecer as Sefirot, é impossível aprender a Kabbalah. É como a matemática – sem saber contar de um a dez, não há como prosseguir. Elas são a base, a linguagem do mundo espiritual e nos permitem entrar em harmonia e em comunicação com ele.

Cada Sefirá vibra em uma frequência energética diferente da outra. Mas todas vibram em harmonia. É o concerto cósmico.

Passo a passo, temos que aprender utilizar as dez Sefirot, a mentalizá-las e interiorizá-las até que façam parte de nosso dia-a-dia.

Numerologia Sagrada

Vamos agora falar das Sefirot e da Numerologia Sagrada.

Para a Kabbalah, as Sefirot Kéter, Chochmá e Biná (Coroa, Sabedoria e Compreensão) estão ligadas a um código denominado 'Cabeça'.

Segundo os sábios da Kabbalah, a cabeça significa a semente. A cabeça do ser humano – onde tudo existe em estado potencial – abriga pensamentos, planejamentos e opiniões que o corpo irá manifestar. O mesmo acontece, do ponto de vista da Kabbalah, com a palavra código cabeça.

A cabeça contém três as Sefirot superiores – Kéter, Chochmá e Biná, As outras sete Sefirot são denominadas 'Corpo'.

O número sete representa as Sefirot inferiores – formadas por Zeir Anpin mais Malchut.

O número dez representa o conjunto das dez Sefirot = Cabeça com Corpo.

O número seis está ligado às seis Sefirot de Zeir-Anpin.

O número quatro – o Tetragrama – é a base, assim como os elementos da Natureza que também são quatro.

O número cinco é o Tetragrama com a semente. É quem faz a ligação com o Infinito.

Podemos, assim, constatar que todos os números fazem parte da numerologia e da geometria sagrada, porque todos têm uma função. Não existe um número positivo ou negativo. Quem determina o positivo ou o negativo sempre é o ser humano.

Como Funciona

Existe um mecanismo cósmico que funciona segundo a estrutura básica das Sefirot. Para podermos reprogramar qualquer Desejo, temos que primeiro entender como funciona o sistema.

Como foi dito, na Cabeça há três Sefirot – Kéter, Chochmá e Biná; Sefirá Chochmá manifesta a Coluna da Direita (+); Biná a Coluna da Esquerda (-) e Kéter a Coluna do Meio (o Neutro).

As três Sefirot superiores – a cabeça – constituem um tipo de dínamo cósmico, sempre gerando e fazendo circular energia. Por isso, na cabeça não há separação entre as Sefirot. Na Cabeça há fluxo constante da Luz graças ao sistema das três Colunas que nunca falham. É como um dínamo Cósmico que gera Luz. Sem parar. A cabeça é a potência, enquanto que o corpo manifesta o que ela contém.

Por isso a Cabeça em relação a Malchut é considerada o polo positivo (+), enquanto Malchut é o negativo (-). A Cabeça é a força de Compartilhar enquanto Malchut é a de Receber.

No meio, entre a Cabeça e Malchut, está Zeir-Anpin que é a coluna do Meio e permite à Luz fluir da Cabeça para Malchut.

Zeir-Anpin é o elemento intermediário e funciona como funil que acumula em seu lado superior a Luz da Cabeça e vai se estreitando até Malchut. É importante observar que Zeir Anpin afunila, mas não canaliza a Luz. Porque, se canalizasse a Luz, então chegaria a Malchut, como água canalizada que passa por um cano e chega a seu destino, sem descriminação.

Na verdade, Zeir Anpin é como um funil com uma válvula, que abre ou fecha, e permite a passagem da Luz para Malchut de acordo com a situação do Recipiente de Malchut Elohim. Quando existe o Pão da Vergonha o funil fecha, impedindo a passagem livre da Luz, e, quando o Pão da Vergonha é anulado, a Luz que vem da Cabeça pode fluir para Malchut através de uma abertura maior.

A intenção principal do divino é transmitir a Luz para Malchut. Porque isso segue o Desejo da Luz, de compartilhar com o Recipiente representado por Malchut. Lembramos-nos que o Desejo do Superior vira regra para o inferior.

Sim ou Não!

Para a Sefirá Malchut há duas situações: Receber a Luz - ou Não Receber.

Enquanto o fluxo da Luz é constante e garantido na Cabeça, no Corpo não é. Isso, porque a ligação entre Zeir-Anpin e Malchut depende de nós, humanos. Consequentemente, há uma chance de existir uma separação entre Zeir-Anpin (Chêssed-Guevurá-Tifêret-Nêtsah-Hod-Iessód) e Malchut. Porque nesse nível a situação depende do ser humano exercer seu livre-arbítrio.

Em todas as Sefirot existem entidades divinas. Cada uma é encarregada de guardar, servir e manter a Sefirá. A Moradia de Elohim é localizada em Sefirá Malchut. Daqui vem o conceito de Malchut Elohim. Como foi dito, Elohim criou o ser humano segundo sua imagem e semelhança, e agora o ser humano tem que ajudar Elohim a receber a Luz sem o Pão da Vergonha.

Se o ser humano se conduz bem, quer dizer, se ele transforma o seu Desejo de Receber que é ligado ao Desejo de Receber de Elohim, em Desejo de Compartilhar, então é ótimo, tudo flui facilmente.

Contudo, se o ser humano não se conduz bem, significa que ele vive com consciência robótica de egoísmo e Desejo de Receber para si mesmo, então isso traz a sensação do Pão de Vergonha. É um bloqueio. E neste caso Elohim – a força da Natureza, e sua divina consciência – que é encarregado da entrada da Luz em Malchut, diz corretamente: Não posso receber a Luz com Pão de Vergonha, que causará curto-circuito para Mim. Preciso me proteger e fechar-me. O ser humano não merece receber a Luz.

Assim, Zeir-Anpin começa a fechar-se, impedindo, aos poucos, a Luz de descer e encher o Recipiente, Elohim em Malchut.

Para o ser humano isso significa viver sem a Luz Divina. E a consequência são doenças, calamidades, catástrofes, guerras, ódio e ao final, autoaniquilação.

A Parceria

O responsável pelo mecanismo cósmico é o ser humano, que fica ereto e tem a ligação não apenas com a terra, mas também com os céus. O termo 'terra' alude à Sefirá Malchut, e 'céus' a Zeir Anpin. E quando está escrito [Gêneses 1:1]: 'Elohim criou os céus e a terra...' em termos da Kabbalah, isso significa que Elohim é responsável pela ligação entre os céus e a terra, ou seja, entre Zeir-Anpin e Malchut. Elohim tem um parceiro muito importante para cumprir essa missão – o ser humano.

O ser humano, ao anular o Pão da Vergonha, entra em contato com Elohim, e isso faz com que Zeir-Anpin abra o funil para transmitir Luz abundante para Malchut, trazendo-lhe, assim, plenitude e muitas bênçãos.

Quando criamos curtos-circuitos, Zeir-Anpin fica mais estreito e não transmite Luz suficiente para Malchut, que por sua vez, não transmite a Luz ao ser humano. Ele então acaba sofrendo miséria, fome, catástrofe e outros infortúnios.

Tudo que percebemos através dos cinco sentidos sobre nosso universo é apenas uma fração de Sefirá Malchut, cerca de um por cento dela, sendo que os outros noventa e nove por cento são Elohim, a Consciência Divina.

O fato de estarmos aqui, no um por cento de Malchut, não quer dizer que seja insignificante.

Embora ocupemos apenas uma fração desse universo, nossa existência é um fruto de todas as dimensões e de todas as Sefirot. Cada um de nós é uma réplica minúscula do macrocosmo – um microcosmo.

Pensar que conhecemos a nós mesmos é a maior ilusão. O que conhecemos de nós mesmos não é nem uma fração de nossa verdadeira entidade.

Nosso universo físico inteiro, que estamos pesquisando há milhares de anos, na verdade é apenas um por cento da Sefirá Malchut. E além dela, ainda existem outras nove dimensões – as outras nove Sefirot – cada uma sendo outro universo, com outro tempo e outras leis.

O Programador

O ser humano programador não é infinito, ele está no mundo finito e precisa de uma linguagem que transmita, emane e manifeste ao mesmo tempo a Luz para ele. Para isso, precisa das dez Sefirot.

Por exemplo – prosperidade. A Cabeça é a fonte dela. Mas não se refere à cabeça de ninguém, e sim à Cabeça *Kéter-Chochmá-Biná*. E o programador mentaliza os Nomes dessas três Sefirot para trazer a ele, ou seja, para seu Recipiente que é *Malchut*, a energia de prosperidade, através de *Zeir-Anpin*. Isso é algo que nosso sistema intelectual, cerebral e mental ainda não assimilou. Mas, aos poucos, conseguirá fazê-lo. Para isso, é necessário modificar nosso sistema e modo de pensar. Merecer ou não depende desta linguagem.

Zeir-Anpin é a "válvula", ou seja, abre mais para quem merece mais, e se fecha para quem não merece. Quem vai merecer a Luz? Aqueles que ajudam Elohim a receber a Luz sem Pão da Vergonha, através da Restrição. Isso é o bem. O mal, que significa nesse caso ausência de abundância, vem quando *Zeir-Anpin* fica estreito.

Quando a pessoa sai do seu desejo particular motivado por interesses pessoais para começar a servir o desejo e o bem do coletivo, entra então na consciência de Zeir-Anpin. É a consciência dos justos. Consciência messiânica é o despertar coletivo, de todo mundo, da potência messiânica que existe dentro de cada pessoa.

No mundo físico existe a polaridade de 'prosperidade ou pobreza'. No Infinito não há prosperidade, assim como não há pobreza. A mente humana roboticamente compara sua situação em relação ao outro, quem tem mais e quem tem menos, enquanto a verdadeira prosperidade, que vem do Infinito e passa pelo sistema das Dez Sefirot, traz consciência absoluta de prosperidade, que não tem nada a ver com a do outro.

Como não podemos nos conectar diretamente com o Infinito, é preciso fazer a conexão com a Cabeça. Kéter-Chochmá-Biná – as Sefirot que emanam a prosperidade.

Mas por que eu não recebi o sucesso até hoje? A nova mente programada tem que pensar: Porque eu ainda não mereci. Não fiz nenhum ato de compartilhar, estou causando curtos-circuitos na vida. Ou: Ainda não completei o compartilhar necessário para anular o Pão de Vergonha e merecer o sucesso. Com Elohim, não há como subornar ou mentir. O sucesso que desejamos exige Restrição e é preciso transformar o desejo de receber para si mesmo, que causou o fracasso, em desejo de compartilhar, que irá merecer o sucesso e a vida próspera que todos nós merecemos – ou seja, receberemos por merecimento.

Corrigindo desde a Raiz

Através de atos de Compartilhar, abrimos a conexão entre a consciência do corpo e a da alma, onde tudo é registrado. Por exemplo, vamos supor que agora consegui lembrar ter magoado alguém no passado: impedi que essa pessoa atingisse o sucesso. Fui eu quem impediu o sucesso de outra pessoa e, por esse motivo, agora, não consigo obter meu próprio sucesso. Como corrigir isso?

Podemos ir falar com quem magoamos e pedir perdão. O problema é a nossa tendência de manipular os outros. Como fazer para me curar dessa maldade, dessa minha tendência à manipulação?

Preciso fazer uma cirurgia genética, penetrando através do Tetragrama, na minha própria consciência física, e descobrir onde está registrada a tendência de manipular e controlar o outro.

Somos todos escravos de nosso ego, mas não percebemos. Há muita gente que gosta de continuar a manipular os outros, acreditando que isso é sucesso. Só os que têm consciência desta escravidão vão querer mudá-la e dizer: Basta dessa manipulação! Não tenho mais prazer com isso. Quero o prazer além do mundo da matéria. Agora, é a hora da mudança!

Como vou receber amor? Preciso restringir o meu desejo de manipular, por exemplo, minha esposa, ou meu marido e começar a compartilhar com o outro amor, paixão, compaixão, carinho. Assim, vou entrar no sistema da pureza, ajudando Elohim a receber a Luz. E, desta forma, *Zeir-Anpin* vai abrir a porta para *Malchut* e em seguida para mim. Então, receberei amor, e vou me aliviar da compulsão de manipular a mente do outro; também entrarei em outra consciência – uma consciência mais iluminada, mais livre, que vai me trazer satisfação interna e realização da alma. Mas são coisas que temos que procurar fazer, praticar, ou se tornam apenas palavras vazias.

É uma mudança energética de frequências cerebrais e mentais que dominarão o desejo do coração e curarão o orgulho do fígado. É uma transição que nos leva a uma nova vibração energética e à ascensão espiritual.

Ascensão

A ascensão espiritual é atingida quando ainda estamos no corpo físico. Não há necessidade de sair do corpo para isso. Nem sempre foi assim. Por exemplo, no caso de Enoque, ele precisou tornar-se um anjo para entrar no mundo espiritual. É uma transformação total.

Com a chegada do Patriarca Abraão, e a revelação do Sêfer Ietsirá, o Livro da Formação, isso mudou. Abraão conseguiu traduzir as frequências da Consciência Divina para as frequências do ser humano. É um tipo de transformador espiritual.

Esse transformador é conhecido popularmente como a Estrela de Davi. O termo mais correto, segundo a Kabbalah é 'Escudo de Davi', ou em hebraico – Maguén David.

Salto Quântico De Malchut a Biná

Na linguagem da Kabbalah, a ascensão que inclui a transformação energética da frequência do Desejo de Receber para a de Compartilhar é resumida nas palavras 'de Malchut a Biná'. Como foi dito, Malchut manifesta o Desejo de Receber, enquanto Biná, que está ligada às três Sefirot Superiores – a Cabeça – manifesta constantemente o estado do Desejo de Receber para Compartilhar incondicionalmente. É um salto quântico em termos de consciência.

Escudo Energético

A Estrela de Davi, Maguen David não é, na verdade, uma estrela, mas um escudo. Porque Maguén, em hebraico, significa escudo e não estrela.

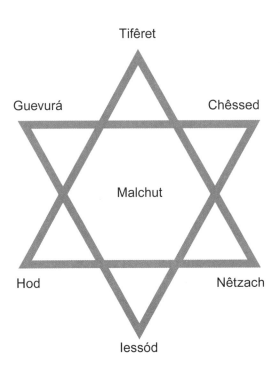

Embora tenha formato de uma estrela de seis pontas, O Maguén David funciona como escudo energético de proteção no momento da transição de uma frequência para outra, ou seja, na hora da ascensão. Cada uma das pontas está relacionada com uma Sefirá de Zeir-Anpin.

A Proteção Angelical

Como foi mencionado, em hebraico a palavra para escudo que é Maguén, consta de três letras: מָגֵן – que é considerada também um acrônimo de nomes de três anjos: A letra *Mem* de Miguel (Michael) correspondente à Coluna da Direita, Guímel de Gabriel (Gavriel), correspondente à Coluna da Esquerda, e Nun de Nuriel (é o nome do anjo Uriel em aramaico) correspondente à Coluna do Meio.

Isso nos revela que o segredo do escudo e da proteção espiritual é o sistema das três colunas.

Merkabá – A Carruagem Celeste.

A dificuldade óbvia para qualquer ser humano que vive no físico é saber como sintonizar-se com frequências energéticas e cósmicas. Por isso chegaram ao nosso mundo pessoas em forma física, mas que tinham contato aberto com o divino. Através delas, *Elohim* conseguiu incorporar-se totalmente e manifestar a Sua Imagem e Semelhança. Através da consciência delas, conseguiram realizar uma conexão eterna com diversas frequências e manifestá-las fisicamente por atos.

Ao entendermos melhor essas pessoas e como se comportaram, podemos imitá-las e conseguir afinidade com elas. Então, também poderemos vibrar nas mesmas Para denominar a pessoa que virou um canal que nos liga a uma Sefirá, a Kabbalah usa o termo 'Carruagem' ou *Merkabá*. Assim como uma carruagem física leva alguém, transporta-o a um lugar específico e o traz de volta, a Carruagem metafísica faz o mesmo.

Abraão e Sara (*Avraham* e *Sara*) são a Carruagem da Sefirá Chêssed; a Coluna da Direita da Tríade Superior do Maguén David. Abraão transporta, ou transmite a energia de Misericórdia e Benevolência para o mundo físico. Mereceu isso por ter aberto sua tenda para as quatro direções, deixando todo mundo entrar e beneficiar-se incondicionalmente de sua hospitalidade.

Isaac e Rebeca (*Itschák* e *Rivká*) são a Carruagem de Guevurá; a Coluna da Esquerda da Tríade Superior do Maguén David. Isso é conforme o ditado: Quem é o verdadeiro herói? Aquele que domina e conquista a sua má inclinação (ou o impulso compulsivo de destruir-se). Mereceu isso quando mostrou total submissão a seu pai e corrigiu o Julgamento severo da Coluna da Esquerda ao aceitar ser dominado pela Coluna da Direita e pela Misericórdia..

Jacó com Raquel e Lia (*Iaakóv* com Rachel e Lea) são a Carruagem de Sefirá *Tiféret*; a Coluna do Meio da Tríade Superior do *Maguén* David. Mereceu por sua total Restrição apesar de todas as tentativas de Labão enganá-lo. Através da sua Restrição transformou todas as maldições em bênçãos.

Moisés e Zípora (*Moshê* e *Tsipôra*) são a Carruagem da Sefirá *Nêtsach*; a Coluna da Direita da Tríade Inferior do *Maguén* David. Além de ter vencido a resistência do Faraó, mereceu ser a Carruagem de *Nêtsah* por ter anulado a morte para todo o sempre (heb. *Lanetsach*).

Aarão e Elisheva (*Aharón Há-Cohen* e *Elishêva*) são a Carruagem da Sefirá *Hod*; a Coluna da Esquerda da Tríade Inferior do *Maguén* David. Mereceu por ser o porta-voz de Moisés e por ter mostrado a Glória e a Majestade do divino no Tabernáculo através do seu serviço devoto.

José o Justo e Osnat (*Iosséf Hatsadik* e *Osnát*) são a Carruagem da Sefirá *Iessód*; a Coluna do Meio da Tríade Inferior do *Maguén* David. Mereceu isso por ter exercido total Restrição apesar de todas as tentativas sedutoras da esposa do seu dono no Egito.

Davi, o Rei e Bate-Seba (David e *Bat-Shêva*) são a carruagem da Sefirá *Malchut*, o Reino; localizada no centro do *Maguén* David. Mereceu por ter batalhado contra os inimigos de Israel. Os que queriam aniquilar a ideia da Santidade, da pureza e da conexão do ser humano com o divino. É o Rei de perfeito livre-arbítrio.

Esses personagens poderiam ser considerados apenas pessoas que viveram na época da Bíblia, e há muito passaram do mundo. É do que nossa mente, que foi sequestrada pela Serpente, tenta nos convencer: são meramente fantasmas de histórias e lendas do passado. Mas, os sábios da Kabbalah que transformam a consciência de automentira e autoengano da Serpente em consciência Messiânica, libertam-se da frequência limitada que aprisiona a alma. Para eles, são entidades humanas que se tornaram entidades divinas e imortais. Vibram constantemente no universo, exatamente como fazem as ondas de rádio. Essas ondas transmitem e carregam mensagens e vozes. Mas sem o aparelho adequado, não há como captar e traduzir as ondas e suas mensagens.

O aparelho que foi criado para esse propósito é o corpo humano.

Processar
Energia Cósmica

Imagem e Semelhança

Todos conhecem a expressão Bíblica [Gênesis 1:26]: "Então Elohim (Deus) disse: Façamos o Homem à nossa Imagem, conforme a nossa Semelhança". Mas, poucos são aqueles que sabem o significado espiritual dela.

'Imagem e a Semelhança' refere-se às dez Sefirot da Árvore da Vida. O corpo humano é um microcosmo, criado exatamente conforme a Imagem e a Semelhança de Elohim.

Mesmo Elohim sendo uma entidade em Malchut, através do contato com Ele, onde se inicia o resgate da consciência divina, então tudo é refletido nas outras Sefirot também por Elohim. No processo do Tikun, no retorno ao Infinito e na ascensão, o Recipiente Inferior transforma-se no Superior.

Pelo fato do corpo ter sido criado segundo o protótipo divino, deveria estar conectado à sua origem. Tragicamente, esse contato foi perdido, e começamos a vibrar em frequências baixas e não sincronizadas com o projeto original.

Os 95 por cento perdidos – são achados! Mistério resolvido. Agora só falta ligar o aparelho à tomada.

A Batalha

Encontrar uma tomada no escuro e ligá-la é um desafio. A batalha entre o bem e o mal é a mais antiga no universo. E as Forças da Escuridão querem deixar o ser humano no escuro, sem alcançar a Luz. Infelizmente, muitas vezes o corpo, levado pela tendência física, entra numa consciência violenta e agressiva; então, perdemos o controle. Isso acontece porque o corpo entrou, já há algum tempo, num processo gradativo de desconexão com a Luz, perdendo dessa forma sua semelhança à imagem divina e tornando-se escravo das forças da escuridão, que passam a determinar nossos atos e pensamentos.

O ser humano vem passando por muitas guerras onde atrocidades são cometidas por indivíduos que, quando capturados, nos dizem que estavam cumprindo ordens. Estes 'criminosos de guerra' também são pessoas que têm família, esposa, mãe, pai, filhos; pegam os filhos no colo; beijam e abraçam a quem amam. Mas se tornam demônios, capazes de matar os filhos dos outros, sem uma gota de misericórdia.

Como o ser humano se torna uma besta tão selvagem? Um sub-humano! Esta falta de misericórdia é o resultado de um processo cumulativo de muitos anos e de muitas gerações, onde finalmente o Mal se torna natural: É natural matar um ao outro. É natural matar animais. É natural existirem guerras. Tudo isso não é natural! É contra a natureza, contra Elohim, e contra a nossa consciência divina.

Podemos encontrar dentro de nós uma tendência robótica de justificar o mal, e achar ou até inventar todas as desculpas possíveis para as atrocidades que cometemos. É um abuso demoníaco da inteligência! Esse tipo de ser já perdeu a batalha.

Vencer ou perder – está em nossas próprias mãos!

Autoenergização

Nesse capítulo, vamos aprender como praticar meditação e autoenergização usando o poder da mente e a energia das mãos.

Estabeleceremos uma ligação entre a Árvore da Vida e o nosso corpo, através de uma meditação profunda e de autoenergização, onde utilizaremos nossas próprias mãos para penetrarmos na consciência energética e na memória genética de nosso corpo.

Como foi dito antes, nosso corpo e os cinco sentidos estão apegados à matéria, causando bloqueios que impedem que nos conectemos ao divino. E nossa mente está inconsciente da separação que existe entre a consciência física e a divina. Essa é a grande tragédia do ser humano, que vive aqui na Terra sem autoligação, sem autoconexão com o divino.

As Sefirot e o Corpo Humano

Potencialmente, o corpo é o aparelho mais maravilhoso que temos para nos conectarmos com a Luz.

Obviamente, nossa 'Imagem e Semelhança' ao divino é energética. Porém, manifesta-se nos membros físicos do corpo.

Cada Sefirá que se manifesta no corpo pode ser imaginada como um centro energético, ou Chacra, que conecta o corpo ao seu projeto original.

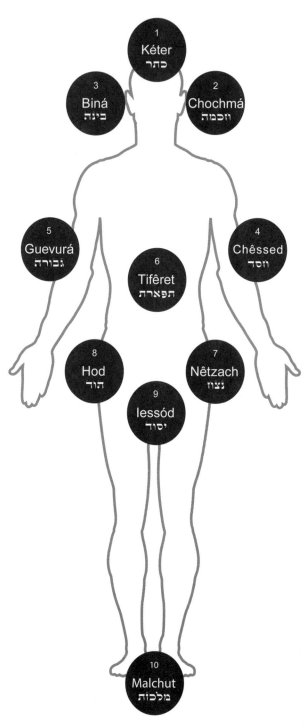

Nosso corpo precisa ter contato com o mundo espiritual para poder viver bem. A alma é a entidade energética que canaliza o sustento espiritual e energético para o corpo e assim, pode mantê-lo vivo e saudável.

Malchut

Kéter é Coroa. Não é por acaso que nas pinturas religiosas, os santos aparecem com uma auréola, que é uma coroa energética sobre suas cabeças.

A Sefirá Kéter – ligação com a Luz Infinita – encontra correspondência dentro de nosso corpo na região da cabeça, onde os rabinos, o papa e outros clérigos usam um chapéu, ou um solidéu. O propósito do solidéu é funcionar como uma forma física de Restrição.

A Luz infinita, que entra em nosso corpo através da Sefirá Kéter, é capaz de trazer, para nós, o Infinito, o Eterno. Contudo, é importante lembrar que sem o desejo de compartilhar, o corpo perde a sua santidade, e com isso, o ser humano a sua sanidade. A Kabbalah deseja, contudo, resgatar a sanidade e a santidade do ser humano.

Em seguida, temos as Sefirot Chochmá e Biná, que estão dentro da nossa cabeça, do lado direito e do lado esquerdo do cérebro.

Segundo a ciência, o lado direito do cérebro é o mais criativo, e está mais ligado às ideias, à filosofia, às artes, ao abstrato. O lado esquerdo está relacionado ao raciocínio e à lógica, e com aspectos mais práticos, à consciência motora e ao que fazemos todo dia de maneira repetitiva e automática.

A Kabbalah localiza a Sefirá Chochmá no lado direito do cérebro e nos revela que essa Sefirá traz para nós a Sabedoria Divina – algo imutável, além da informação e do conhecimento externo, físico e superficial. Ela traz para nós a vivência do eterno, transcendendo o tempo, espaço, movimento, cultura, idade e o sexo. É a sabedoria eterna e original do universo e da criação.

Mas, para usufruir da sabedoria divina, precisamos de Biná, Inteligência e Compreensão, do lado esquerdo do cérebro. A Sefirá Biná nos permite aplicar a sabedoria de forma prática. Há bastante gente que sabe muito, mas não é capaz de aplicar o que sabe. Como já foi dito, segundo a Kabbalah, ignorância não é falta de sabedoria, mas é uma consequência da falta de habilidade para utilizá-la de forma prática. Inteligência é justamente uma expressão dessa habilidade, de compreender e absorver a Divina Sabedoria e fazer com que ela se manifeste logicamente segundo o raciocino humano. Ao invés de ficar presa. Dentro de nós existe uma sabedoria divina e eterna que não se aprende nos livros. Todos nós já nascemos com sabedoria divina, mas nem sempre sabemos como utilizá-la na prática, e demonstrar, assim, nossa verdadeira inteligência.

O contato e a harmonia entre os dois lados do cérebro são fundamentais para sermos seres humanos divinos. A falta deste contato pode levar o ser humano a cair na consciência robótica de sempre dizer: Mas isso não é lógico! Ao invés de ser o Criador e gerar novos pensamentos e raciocínio, ele fica preso à 'lógica' estabelecida por outros. Por exemplo, o que foi considerado totalmente ilógico e impossível fazer alguns anos atrás, virou no presente muito lógico e é quase impossível vivermos sem! A lógica deve ser flexível e pronta a mudar segundo a Divina Sabedoria, e não ao contrário, quando o ser humano não deixa a Sabedoria aparecer: porque não tem lógica! Os bloqueios entre Chochmá e Biná, criados pela rejeição por parte da lógica, podem ser eliminados através de meditação e energização.

O braço direito é ligado à Sefirá Chêssed, que significa Misericórdia e Benevolência. É o lado de dar e compartilhar.

Ao cumprimentar-se o outro, costuma-se oferecer a mão direita e, assim, transmitir energia. Entretanto, dependendo de nossa consciência, transmitimos energia ou não. Afinal, podemos usar a mão direita até mesmo para bater em alguém com muita violência – sem nenhuma benevolência ou misericórdia.

O braço esquerdo é ligado à Sefirá Guevurá, que significa Julgamento. É o lado de Receber, então Receber para si, sem compartilhar, gera Julgamento. Mas também significa em hebraico, heroísmo, aludindo ao verdadeiro herói, que domina e controla os seus impulsos para que a Luz aja.

O tronco é a Sefirá Tifêret, que significa beleza e harmonia. Todos os órgãos fundamentais estão aqui e para funcionarem bem têm que estar em harmonia e colaboração entre eles.

Assim fica completa a Tríade Superior do Maguén David.

A perna direita é ligada à Sefirá Nêtsach.

A perna esquerda é ligada à Sefirá Hod.

Os genitais são ligados à Sefirá Iessód.

E assim se completa a Tríade Inferior do Maguén David.

Os pés são ligados à Sefirá Malchut.

Canais Energéticos

Podemos imaginar nosso corpo sendo envolvido pela alma. A alma é o nosso corpo energético e espiritual, que alimenta e sustenta todas as partes do corpo físico, através de canais energéticos, ou tubos de ligação entre ambos. São as Sefirot.

Por exemplo, nossos braços têm uma função biológica e física, mas dentro deles existe uma energia que os sustenta.

Quando alguém comete um pecado, como roubar, embora possa sentir o prazer da conquista no ato, estará causando um curto-circuito que será registrado dentro de seu corpo e que poderá criar um bloqueio da energia que alimenta o braço direito. E dez ou vinte anos depois, essa pessoa que praticou o roubo poderá, através de um acidente ou uma doença, perder a função do braço, ou de algo ligado a ele.

Para desbloquear estes processos negativos podemos praticar uma meditação que segue a estrutura das dez Sefirot.

As etapas da Meditação

Primeira etapa – Relaxamento (2-3 min.):

Sente-se bem tranquilo e relaxe; comece a pensar sobre o dia, sobre o passado, o presente e o futuro. Pense em você, entre em contato com o núcleo do seu ser, para estar presente aqui e agora! É um processo para acalmar o metabolismo físico.

Segunda Etapa – Respiração (5-7 min.):

Ao sentir-se relaxado, comece a respirar.

Cada inspiração é para receber a Luz; cada expiração para compartilhar a Luz.

E, assim, saímos da consciência robótica, mecânica, autodestrutiva, do desejo de receber para nós mesmos, e entramos em outro sistema, o sistema da autoconexão e da pureza.

O ato de respirar pode ser sagrado, uma forma de nos treinarmos para uma autotransformação.

Terceira Etapa – Autoenergização (10-12min.):

Em seguida, começamos o processo de autoenergização, através da mão direita que representa o nosso desejo de compartilhar.

Assim, compartilhamos a energia da misericórdia, da benevolência, primeiro para nós mesmos, depois para o resto do mundo.

Hoje em dia há pessoas que fazem tratamento através de healing, passando a mão, não diretamente sobre o corpo, mas um pouco acima, cerca de cinco ou dez centímetros. Trata-se de um processo de medicina preventiva e auto-limpeza energética e bioenergética, cujo princípio é utilizar a própria força da Criação, da Luz, que está disponível a todos e que já existe dentro de nós, de maneira curativa ou preventiva. Todos nós nascemos com a sabedoria divina, com a energia da cura em nosso interior. Mas sem o 'querer' e o 'saber' – essa força fica inconsciente e adormecida. Através da meditação, queremos conscientemente despertar essa força interna para o nosso bem estar.

Se colocarmos a mão direita bem perto de nossa bochecha por alguns segundos, teremos uma sensação de calor, que é energia já contida em nosso corpo.

O corpo fica acumulando e guardando essa energia durante muito tempo. Ela pode transformar-se em energia de frio, quando o corpo começa a libertar-se do excesso de energia e deixar energia nova e mais 'fresca' entrar e fluir. Mesmo em um dia muito quente podemos sentir o frio e uma sensação de frescor, quando a nova energia – a energia cósmica – passa a circular dentro do nosso corpo.

O corpo apresenta uma tendência a pegar, agarrar as coisas, seja dinheiro, posses, carros, sucesso – todos impregnados com determinada energia, que acaba ficando acumulada em nós. Esse excesso de energia em nosso corpo pode causar problemas e até doenças.

Na verdade, não é a falta de Luz que faz mal, é o excesso dela que causa explosões, fermentação interna, perda do controle. Qualquer problema começa quando não canalizamos a Luz, não abrimos mão, não sabemos como nos desbloquear para receber mais Luz.

Reciclar não é somente no físico, mas também no metafísico – temos que aprender como reciclar energia cósmica!

É igual ao ar, quando mais alto, mais frio e fresco fica. E também mais puro e limpo.

Aqui, na Terra, a energia é quente, o ambiente contém calor, que nos ajuda a viver. Não podemos viver sempre no frio, mas podemos, de vez em quando, fazer circular a energia em nosso corpo, retirando o excesso para receber uma energia mais pura, mais fina, mais limpa – uma energia nova que vem do espaço e que entra no nosso mundo físico, ajudando a energia quente a circular melhor e não estagnar e esquentar demais.

Banho Energético.

É interessante comparar esse processo com a mão direita a tomar banho, onde usamos a mão para limpar o corpo inteiro. Podemos fazer essa autoterapia ou autotratamento todos os dias, da mesma forma como tomamos banho.

Nesta meditação vamos colocar a mão direita sobre a cabeça, e depois vamos continuar a passar a mão sobre todas as partes do corpo, energizando o corpo, tirando o excesso de energia, que é energia negativa que adere ao corpo e que cria bloqueios.

Quem tem visão espiritual pode até enxergar a energia na mão com a aura e o campo energético ao redor dela.

Nossa aura tem cores. Pessoas que participam de tratamentos de cura sabem que as doenças físicas começam com bloqueios de energia – uma aura escura ao redor do corpo.

Podemos passar a mão, várias vezes, nos órgãos do corpo, para fazer uma limpeza energética, exatamente como fazemos quando tomamos banho.

A Meditação - Na Prática

Na prática, seguem-se as mesmas etapas mencionadas acima.

1. É recomendado fechar os olhos para ajudar na concentração, mas, quem quiser, pode ficar de olhos abertos.

A Mudança

Durante alguns momentos podemos refletir sobre nossa vida: quem somos - o passado, o presente, o futuro; reparamos nos pensamentos que correm pela nossa mente, procuramos nos concentrar em nós mesmos, acalmando o corpo, os músculos, os braços, as pernas.

Podemos até sentir o corpo um pouco mais pesado e totalmente relaxado.

2. Quando nos sentimos bem tranquilos e relaxados, podemos começar a respirar pelo nariz, sem pressa, inspirando o ar com prazer, com a consciência de receber a Luz, o ar, e a energia cósmica, que trazem para nós vitalidade, vida, autorrecuperação e autorregeneração.

Quando exalamos o ar, expirando sempre pelo nariz, podemos meditar em compartilhar, canalizar a força positiva da vida, com nossos familiares queridos, amigos e, finalmente, com todo o mundo, transformando a inspiração e a respiração numa vivência de autotransformação, de receber para compartilhar, e compartilhar para receber.

É um processo de autoconsagração; consagrando e transformando o corpo em um templo, um templo sagrado para a nossa alma. Através da respiração, criamos harmonia entre nossa alma, nossa mente e o nosso corpo.

Essa harmonia, essa sincronização, nos ajuda a entrar no ciclo cósmico da vida, para transcendermos a barreira do espaço, movimento e tempo, despertando a consciência interna de nossa alma, que não conhece limites, que não aceita o mundo da ilusão, pois sabe que o único mundo verdadeiro é o mundo da Luz, o mundo espiritual.

3. Em seguida, colocamos a mão direita acima da cabeça, imaginando uma luz branca aparecendo, descendo e nos envolvendo. A luz representa a Luz infinita, que é a fonte da abundância, da plenitude e do prazer infinito.

Concentramo-nos na *Sefirá Kéter*, coroa, e imaginamos a Luz entrando em nossa alma, mente e corpo, passando pela mão direita, desbloqueando a *Sefirá Kéter*, o chacra da cabeça.

Sempre é bom respirar profundamente, meditando a cada inspiração para receber, e a cada expiração para compartilhar.

Nossa intenção é resgatar a imagem divina e a semelhança de Elohim através das dez Sefirot, afast ando de nossa alma, mente e corpo, toda a influência negativa, a lavagem cerebral das forças das trevas. A *Sefirá Kéter* abre a ligação com a Luz infinita.

Agora passamos a mão sobre o lado direito da cabeça e do cérebro, meditando na Sefirá Chochmá, para energizar a nossa mente, o nosso cérebro, com a energia da Sabedoria Divina, que é eterna, universal e atemporal. Assim reciclamos a energia estagnada e antiga de Sabedoria que fica parada em nosso cérebro, com uma nova e mais pura.

A seguir, passamos a mão sobre o lado esquerdo da cabeça e do cérebro, meditando na Sefirá Biná, para energizar a nossa mente com a Inteligência Divina e a habilidade de utilizar a Sabedoria e o conhecimento adquirido na prática, afastando a ignorância. Biná também significa compreensão e entendimento. Então meditamos em afastar má compreensão e mal entendidos.

Depois, passamos a mão direita pelo braço direito, começando desde o ombro direito e descendo até os dedos, meditando na Sefirá Chêssed – Misericórdia e Compaixão; assim injetamos dentro do nosso braço direito a energia de Compartilhar.

Depois, passamos a mão direita pelo braço esquerdo, começando desde o ombro esquerdo e descendo até os dedos, meditando na Sefirá Guevurá – Julgamento, valentia e o poder de superarmos nossas fraquezas; assim podemos Receber sem atrair energias negativas e contaminadas.

Em seguida passamos a mão pelo pescoço, ao longo da garganta, descendo até o peito, o tronco e depois o abdômen, para equilibrá-los com a energia da Sefirá Tifêret, trazendo harmonia a todos os nossos órgãos internos, um por um.

Passando a mão direita pelas duas pernas, meditamos nas Sefirot Nêtsach e Hod. Nêtsah - Vitória e Eternidade – para estabelecemos os nossos atos positivos e a abertura de nosso caminho espiritual no mundo para todo o sempre, igual ao que Moisés fez; Hod – assim declaramos e mostramos a Divina Glória da divindade, igual ao que o sumo sacerdote Aarão fazia quando servia ao divino no Tabernáculo.

Em seguida os genitais, meditando na Sefirá Iessód – Fundação; para superarmos as tentações que o nosso Desejo de Receber para nós mesmos coloca à nossa frente, igual ao que José o Justo conseguiu fazer.

E pelos pés, Sefirá Malchut – Reino Celeste; para estabelecemos o Reino Celeste na Terra, igual ao que o Rei Davi fez na cidade sagrada de Jerusalém.

Nesse estágio, podemos visualizar e imaginar o Maguén David com as seis pontas; as seis Sefirot e as Carruagens, integralmente:

A Mudança

Chêssed – Avraham e Sara   Guevurá – Itschák e Rivká

Tifêret – Iaakóv com Rachel e Lea

Nêtsach – Moshé e Tsipôra   Hod – Aharón e Elishêva

Iessód – Iossef Hatsadik e Osnát

Malchut – David e Bat-Shêva

Nesse estágio, a Merkabá, a Carruagem da ascensão está pronta e nós vibramos na mesma frequência da Consciência do Criador e da Luz Infinita.

Se tivermos um pedido particular que nos ajudaria a cumprir a missão de nossa alma, podemos fazê-lo nesse instante, antes de terminar a meditação.

Em seguida, a Luz vai desaparecendo gradativamente, subindo e nos deixando tranquilos e em paz, com a sensação de nosso corpo energizado.

Pode-se contar até três e abrir os olhos novamente.

Um, dois e três...

FIM DA MEDITAÇÃO

Outras Publicações

ÁRVORE DA VIDA

A Cabala nos ensina a receber e também a aceitar. A consciência da aceitação é não lutar contra os processos da vida, mas aceita-los. Temos de perceber que o processo pode ser mais importante que o final.

No caso de uma viagem, deve ser aproveitada desde a partida, não apenas na chegada, e quando chegamos não devemos nos preocupar com a volta.

Em Árvore da Vida somos convidados a empreender uma jornada surpreendente pelos conhecimentos da Sabedoria da Kabbalah, bem como entender a missão do homem no processo de criação do Universo. São abordados conceitos fundamentais e questões universais, como o surgimento da consciência humana, a imortalidade, a busca pela prosperidade, o livre-arbítrio e o caos econômico.

O estudo da "Árvore da Vida" nos permite entender os processos pelos quais passamos em nossas vidas e também aprender como podemos superar desafios.

HAGADÁ DE PÊSSACH
- livro de orações para Páscoa segundo a Kabbalah.

Segundo a tradição da Sabedoria da Kabbalah, desde Abraão, a Festa de Pêssach é considerada como um procedimento de mudança genética, utilizando elementos da comida como forças energéticas e inteligências, para penetrar em nossa própria consciência e operar a mudança.

O Livro da Hagadá é fundamental para compreender as forças que empreendem esse momento e para ser utilizado no décimo quinto dia do mês hebraico Nissan, à noite de Pessach. É a lua cheia desse mês, o que foi justamente a hora da saída do Egito.

O termo Hagadá é ligado ao preceito tradicional de narrar e contar a história da saída dos hebreus do Egito, conforme é dito:

"Nesse dia cada um dirá ao seu filho: Assim faço pelo que Adonai fez por mim quando saí do Egito" (Êxodo 13:8)

Há mais de 3.300 anos os hebreus (Filhos de Israel) saíram do Egito, liberados da escravidão por Moisés. O evento da libertação deve ser lembrado e comemorado com muita alegria e reverência, porém, no decorrer do tempo, algumas partes do significado se perderam e ficou obscuro em nossas mentes.

No livro estão compiladas as orações para o ritual milenar de Pêssach, com as meditações, apresentando o texto completo em hebraico, tradução e transliteração, inclusive das canções, além do texto adicional com as explicações necessárias para captarmos toda a Luz disponível nessa data.

Aprender como direcionar a imensa energia para o nosso bem, construir, planejar e garantir um ano de paz, sincronicidade e evolução em todos os sentidos da vida, estão ao nosso alcance.

O DESPERTAR DA CONSCIÊNCIA
Os Fundamentos da Kabbalah

O Rabino Joseph Saltoun, neste livro, aborda e apresenta de maneira simples o processo da Criação, dos seres humanos e do nosso mundo. Estabelece, de forma cronológica, a trajetória dos maiores eventos espirituais da humanidade e suas consequências no momento presente. Descreve as influências pela qual a humanidade passou e sinaliza os pontos que precisam ser corrigidos para que haja a proteção e desenvolvimento da saúde espiritual, da mental, do emocional, do físico e do material.

A Kabbalah (em português – Cabalá) é uma sabedoria divina e universal. Como o divino, ela é atemporal, base e fundação de todas as religiões. Sua intenção primordial é penetrar na essência do ser humano e despertar o potencial do divino que está latente dentro dele, resgatar a intenção original das religiões, que é a de unir a humanidade e ajudá-la a se conectar com o divino. Ela possui toda essência da sabedoria existente no mundo e disponibiliza os canais para a conexão com todos os caminhos espirituais que podemos imaginar.

A Sabedoria da Kabbalah transcende as barreiras de fronteiras, de culturas, de línguas e outras que possam criar separação entre nações e indivíduo. Os sábios da Kabbalah acreditam que: quando o ser humano novamente entrar em contato com o seu ser divino, instantaneamente todas essas barreiras cairão, pois, verdadeiramente, as únicas barreiras que existem são aquelas que o próprio ser humano criou e incorporou na sua própria mente.

ORAÇÕES CABALISTAS
A Arte de Orar segundo a Cabalá
Guia de Autocura incluso

O Rabino Joseph Saltoun mergulhou nos conhecimentos da Sabedoria da Cabalá na procura e no resgate do real valor e sentido das Orações.

Ele aborda de forma sincera que a relutância nas rezas não deriva originariamente do tédio e sim do fato de não saber exatamente o motivo pelo qual oramos.

Ocorrem dúvidas sobre a eficiência e o recebimento das orações, já que Deus tudo conhece, inclusive os desejos mais íntimos, e surgem questões em nossas mentes e corações. São questionamentos legítimos que precisam de respostas. Todo ser com um mínimo de lucidez não aceita realizar uma ação sem saber o propósito e a motivação que existe sob ela. Ele quer agir e estar consciente das consequências dessas ações – esse é o princípio do livre arbítrio.

O Rabino Joseph Saltoun revela que a oração, do ponto de vista dos cabalistas,¬ não está relacionada a implorar ou pedir favores ¬¬a Deus. Ele apresenta um conjunto de orações tradicionais, compiladas nesta obra, fornecendo a todos uma "ferramenta" para realizar uma profunda terapia espiritual, baseada no princípio de que tudo o que encontramos no mundo externo é um reflexo do que já existe em nosso mundo interno.

A disponibilidade desta "ferramenta" ao alcance de todos, com explicações claras das intenções, nos capacita acessar as origens das "Forças" primordiais da Criação, e fazer uso da Oração como terapia espiritual, curando deficiências ou transmutando-as em qualidades altamente aperfeiçoadas. Só assim poderemos restaurar nossa consciência divina original que foi perdida.

Com o livro de Orações Cabalistas, recuperar o verdadeiro poder das orações e fazer uso consciente delas vira uma possibilidade ao alcance de cada pessoa. Assim, todos podem se preparar para viver o dia-a-dia com alegria, bem estar, paz e novamente apreciar os frutos da "Arvore da Vida"

PORTAL DAS REENCARNAÇÕES

O Portal das Reencarnações é o livro mais compreensivo que já foi escrito sobre o assunto da "reencarnação" na literatura Judaica.

Trata-se de um conjunto de ensinamentos transmitidos oralmente pelo proeminente sábio da Kabbalah: o Rabino Isaac Luria, no século 16, também conhecido por Há'Ari HaKadosh (o Santo Leão), ao seu discípulo Rabino Chaim Vital, e, compilado por seu filho Shmuel Vital.

São ensinamentos inovadores que descrevem o mundo das almas e o desenvolvimento dos seres humanos no processo da reencarnação, desde os tempos bíblicos até as gerações mais recentes.

A reencarnação faz parte das leis do universo que governam o destino de cada um de nos. Seu aprendizado é de fundamental importância para o entendimento de nossa vida presente.

O Rabino Joseph Saltoun traduziu este livro, mantendo-se fiel ao texto originalmente escrito, aplicando seus comentários no transcorrer da obra.

Para se juntar ao Rabino Joseph Saltoun
em meditação indicada no livro acesse o site:
www.josephsaltoun.com.br

Para se informar sobre atividades e outras publicações,
acesse o site, ou o facebook:
www.facebook.com/JosephSaltoun

ou entre em contato pelo email:
contato@institutomeron.com.br